中山間地の居住福祉

中山間地の居住福祉

早川和男・野口定久・吉田邦彦
編 集

居住福祉研究叢書
第3巻

信山社

―― 〈編著者紹介〉 ――

早川和男　（はやかわ　かずお／神戸大学名誉教授）
野口定久　（のぐち　さだひさ／日本福祉大学教授）
吉田邦彦　（よしだ　くにひこ／北海道大学教授）
金持伸子　（かなぢ　のぶこ／日本福祉大学名誉教授）
岩川　徹　（いわかわ　とおる／元秋田県鷹巣町町長）
高橋彦芳　（たかはし　ひこよし／元長野県栄村村長）
霜田　稔　（しもだ　みのる／鳥取大学名誉教授）
寺谷　篤　（てらたに　あつし／鳥取県智頭町那岐郵便局長）

―― © 2008 信山社：東京 Printed in Japan ――

第3巻刊行に当たって
日本列島居住福祉改造計画

　もうだいぶ以前、山田洋次監督の映画に「息子」というのがあった。山形の山間（やまあい）に住む、三国連太郎扮する老人が、独り暮らしを案じる都会の子どもに誘われて、長男の住む団地住宅の一室に身を寄せる。だが、数日を経ずして山に帰ってしまう。そこは彼にとって生きる場ではなかったのである。長年住み慣れた村は、外からはどんなに不便に見えようと、住人にとってはかけがえのない棲み家なのである。

　日本人はみなこの日本という国に住み、働き、暮らしをたて、その営みをつうじて国土をつくってきた。だが、戦後は町や村をもっぱら経済開発の視点から評価し利用した。1972年の田中角栄元首相の「日本列島改造論」は、その代表であった。人々のながい歴史的営為によってつくられてきた、暮らしの基盤＝「居住福祉資源」としての地域の性格や価値は衰退し、町も村も住みにくい国になってしまった。

　21世紀は、それに代わり、生命の安全、人間の尊厳、生活の安定、健康、福祉、農林漁業の振興による食の安全や自給率の向上、ひいては国土の保全等々の、日本国憲法が掲げるような、国民の生存権の保障、幸福追求の権利、そして何よりも主権者としての地域住民の意志を尊重する国土づくりが必要である。それはいわば、私たちが身を寄せるこの日本の国土のどこに住んでも、安全で安心して幸せに暮らせる「日本列島居住福祉改造計画」のとりくみである。日本居住福祉学会の活動もそうした課題につながることを、私は願っている。

2008年10月
　　　　　日本居住福祉学会会長
　　　　　神戸大学名誉教授

　　　　　　　　　　　　　　　　　　　　　　　　早　川　和　男

目　次

第3巻刊行に当たって（早川和男）vii
第3巻の解題（吉田邦彦）ix

［総　論］

第1章　野口定久
東アジア諸国の福祉社会開発と地域コミュニティ再生——地域福祉と居住福祉の視点から　3

第2章　吉田邦彦
中山間地の居住福祉法学と地方自治・平成市町村合併　31
（付録）日米比較に見るコミュニティ再形成と居住福祉の展望（吉田邦彦）（48）

第3章　早川和男
居住福祉という発想——地方都市中心市街地再生との関連で　61

［合併との関係］

第4章　金持伸子
ケーススタディ（その1）：
岩手県沢内村（現西和賀町）の場合
——プライマリ・ケア「沢内方式」の実績は生かされるか　77

居住福祉研究叢書第3巻

第5章　岩川　徹
ケーススタディ（その2）：
秋田県鷹巣町（現北秋田市）の場合
　　——合併による居住福祉の後退　105

第6章　高橋彦芳
ケーススタディ（その3）：
長野県栄村の場合——合併を否定した村における居住福祉の実践　115

[その他の問題——とくに林業・環境問題]

第7章　霜田　稔 他
ケーススタディ（その4）：
鳥取県三朝町・智頭町の場合
　　——変革は遠いところから　131
（付録）地域からの挑戦（寺谷　篤）　（154）

第8章　泉谷隆夫 他
ケーススタディ（その5）：
奈良県吉野郡川上村の場合
　　——日本の森林・環境問題、林業コミュニティの居住福祉を考える　169

あとがき（野口定久）197
編者・執筆者紹介（前付, 202）

第3巻「解題」

北海道大学教授、日本居住福祉学会副会長
吉 田 邦 彦

1 居住福祉学は、様々なテーマを問題としているが、本巻で扱う中山間地の居住福祉も、近年とりわけ大きな課題であると編者は、考えている。近年の地方分権改革をはじめとして、居住福祉基盤のシステム（とりわけ中山間地のそれ）が、危機的と言えるまでに動揺しているからである。

こうした問題意識から、日本居住福祉学会でもこの数年間、様々な中山間地の舞台で、現地研究集会を催し、現地の方からのインタビュー、切実な要望の聞き取り、ユニークな現場の取り組みの視察、平成大合併劇でそれらがどのように推移したかなど、実態調査にも及ばずながら、しかし限られた時間でできる限り精力的に、取組んできた。過去のカレンダーを繰ってみると、これまでの実績は、岩手県、高知県、鳥取県、奈良県などに及んでいる（もっとも、これらの諸県で、複数回行っている）。本巻は、まず現場の実態・交流報告ないしデータの提供ということで、研修会記録を中心に編んでみたものである。

すなわち、①岩手県では、草の根の自治で伝統のある藤沢町視察・佐藤町長との懇談会（2002年8月）、また、沢内村での現地研究集会・居住福祉人材養成講座（2002年8月の早川・吉田の下見調査を経て、2003年7月の研究集会、2004年2月の養成講座）が行われ、それにリンクして、②秋田県での現北秋田市に吸収合併される前夜の鷹巣町のこれまでの「福祉のまちづくり」の実績調査を早川・吉田などで行っている（2003年7月）。また、③高知県での年次大会の後に、棚田サミットの発祥の地梼原町、さらに四万十川沿いに西土佐村、中村市を訪ねた（2003年5月。後二者は、2005年4月の合併で四万十市になっている）。

さらに、④鳥取県も、片山善博同県前知事が、先進的に2000年10月の鳥取西部地震に際して、住宅個人補償を行ったということで、当学会にとってはとりわけ縁が深い県である。2002年6月には、早速災害復興をテーマとする年次大会が鳥取市で行われた後に、鳥取県の東西の長さを感じながら、震災現場の日野町、西伯町（2004年10月の合併で南部町になっている）を訪ねたし、2005年2月には、天神川氾濫の地、また脱ダム宣言の現場である中部ダムもある（それで浮いた予算が、前記住宅補償に当てられた）三朝町での居住福祉人材養成講座が行われた。さらに、同年10月には、まちなおしフォーラムグループとの共催で、米子での市街地空洞化再生の試み（いわゆる「田園プロジェクト」）についてシンポジウムが開催され、さらに2007年12月には、それを踏まえて当学会山陰部会発足シンポジウムも行われるという次第で、早川会長が「鳥取漬け」と言われる所以である。

 そして、⑤奈良県では、2005年11月に日中韓居住問題会議が開催されたが、その後に、わが国最古の人工杉の産地である川上村・黒滝村などの林業コミュニティの窮状を見るべく、吉田と神野会員とで下見調査を行い、2006年5月の現地研究集会に漕ぎつけた。（なおさらに、災害復興問題との関連で、⑥新潟県山古志村（2005年4月の合併で長岡市となった）にも、2004年10月の新潟中越地震の1ヵ月後に、早川・吉田、さらに中島絢子会員とで、下見調査を行い、2005年1月に現地研究集会を行っているが、中山間地での被災によりその問題が浮き彫りにされているといえるであろう（これについては、吉田邦彦「新潟中越地震の居住福祉法学的諸問題──山古志で災害復興を考える」法律時報77巻2号（2005）参照）。

2　これらの会合の中身については、本巻のとくに「ケーススタディ」と題した部分のご参照をお願いする次第である。

 ところで、中山間地の居住福祉の近時の帰趨を分析する際の重要な軸は、いわゆる「平成大合併」との関係であろう。この点で沢内村について、第4章を書き下ろしで書いてくださった金持会員は、近時で

は、阪神大震災の復興問題を調査したものを発表されている（例えば、『阪神淡路大震災被災者のこころをきく――西宮の被災者生活調査から』（せせらぎ出版、2002））が、2003年7月の沢内村（2005年10月の合併で、西和賀町となっている）での現地研究集会の責任者を務めてくださった方である。ルポ風で充分な提言もないと私には謙遜して言われるが、何度も現地に足を運ばれて調査され、合併の渦に巻き込まれた福祉の村としてかねて有名な「沢内方式」（地域包括医療）の経緯と帰趨が丹念に描かれていると思う。手を怪我されても本稿を出してこられた責任感の強さには、ただただ頭が下がるばかりである。

ところで、秋田県鷹巣町（2005年3月の合併で北秋田市になっている）の合併後の急変振りについては、『住民が選択した町の福祉』などのビデオで著名な羽田澄子氏がフォローされている由であるが、この点は、長らく鷹巣町町長を務められた岩川徹会員に分析をお願いした（第5章参照）。こうした平成大合併が居住福祉に如何に大きな（悪）影響をもたらすかの検証作業も今後益々なされていかなければならないであろう。

他面で、合併の動きを拒否して、中山間地における「小さな自治体」の意義をかねて強調されている高橋彦芳氏（長野県栄村元村長）は、「手弁当」で寄稿して下さった（第6章）。私は、この間個人的に同村を訪問しているが、高橋元村長は、居住福祉の思想に強く共鳴して下さったからとのことであるが、長年の福祉自治体の実践家のこうした賛意に心強く思うとともに、同氏のご厚意にこの場を借りて、深甚の謝意を表したい。

3　ところで、第7章の鳥取県三朝町での会合およびその記録作りには、日本福祉大学COE（とくにそのプロジェクトリーダーである野口会員）の多大なご協力を得ていることにまず感謝申し上げるが、同町では、災害復興かつ脱ダムの新たな模索をし、さらには、長年のラジウム温泉による湯治（大学温泉病院が、その効能の優れていることから残されている）によるまちづくりが目指されている。本シンポでは、

三朝町を中心として、中山間地の居住福祉の構築の問題が様々な角度から議論されている。

なお、三朝での企画にリンクさせて、早川・吉田で、同じ鳥取県の智頭町にも足を伸ばしてみた。ここは、草の根の居住福祉ネットワークシステムとして全国的に波及した「ひまわりシステム」の発祥地だからである。郵便局主体の病院・農協などの横の連絡を計った極めて注目すべきものであるが、本巻に投稿してくださった寺谷篤さんは、その生みの親である。本章に付録として納めたが、その経緯がよくわかる（さらに、前記シンポでの松嶋報告も参照されたい）。そしてそれだけに、慧眼な読者は、昨今議論の多い「郵政民営化」が、この優れた居住福祉セーフティネットにいかなる影響を及ぼすのかについても、充分に事実を究明してきめ細かい議論を積み上げていってほしいと思う（去る「論点選挙」では、ほとんどこうしたことが議論されなかっただけに……）。

また、第8章の奈良県川上村でのシンポジウムは、①地方交付税が削減され、村の財政も悪化し（同村のトントン工作館も閉鎖された〔2006年春〕）、②国内林業が衰退し、生業が成り立たなくなりつつある林業コミュニティの窮状ないしそこでの居住福祉の危機という問題のみならず、それは、③アジア近隣諸国の違法伐採による自然破壊、④温室効果ガスの増大という環境問題、さらには、⑤外材やコンクリート建物がもたらす消費者問題（シックハウス症候群、水害時の脆さ、精神衛生上の悪影響など）、⑥貿易関税政策や公共工事（学校など）の建築基準の問題などまで、幅広く議論された。しかし、何よりも注目すべきは、国内林業の経済循環の糸口とも言える生産者側と消費者側（工務店側）との「出会い」が、問題意識を同じくしつつなされたということではなかろうか。

4　順序は、逆になったが、中山間地の居住福祉問題を扱う総論的切り口に関する論考として、3本並べることにした。第1章は、前述COEプロジェクトの拠点リーダーとして中山間地問題に取組む野口

会員のものであるが、東アジアの観点、高度成長後の政府ないし地域社会の役割、グローバリゼーションとの関わり、リスク論など、多面的な分析軸を示される。序論風といえなくもないが、今後とも詰められるべき課題であろう。既に述べたように、4章以下の「ケーススタディ」での司会役も同教授は、多く務めて下さっている。

第2章の私のものは、民法研究者の吉田が、なぜ「民法の問題として」中山間地の居住福祉問題に関心を寄せるのか、また、地方自治の問題が民法と隣接領域であるという問題意識だけでも、共鳴してくださる読者が出てくれば、──アメリカ法学での状況とは異なり、そうした民法研究者が殆どいないだけに──本章の目的は達したと考えている（さらに、『居住福祉法学の構想（居住福祉ブックレット8）』（東信堂、2006）を併せて読んでいただければ、より鮮明にその趣旨が伝わることと思う）。

また同論文は、合併前の沢内村で行われた2003年夏のシンポを契機に生まれたもので、当時私は在米研究中でもあり、日米の合併論議の対比を通じて、居住福祉法学のサイドから、（当時充分に意味を詰めないままに「地方分権」「地方自立」の大合唱の下に進行する）「平成大合併」に対して、初めて批判的メスを入れたものである（多少重複部分もあるが、付録としてシンポの記録を残したのは、それゆえである）。なお、同地（現在は、西和賀町）では、2008年9月に初めての「居住福祉サミット」が開催された。金持論文の最後の方でも記されているが、同サミットで今度前面に出てきたのは、障害者福祉、児童福祉（虐待児の地域養護（社会養護）の問題であり、多くの教示を受けている（これらについては、本研究叢書で別途扱わねばなるまい）。こうして次々と現場から示唆を与えられるところに、同地の「生命行政の伝統」を痛感する次第である。

第3章の早川会長のものは、米子でのまちなおしフォーラムの基調講演である。これは、経済的グローバリゼーションないし近年の経済自由化政策（規制緩和政策）の副次効果として、全国至るところの地方都市で生じている（郊外の大規模店舗による）従来の商店街の破壊・

居住福祉研究叢書第3巻　　　　　　　　　　　　　　　　　　　［吉田邦彦］

空洞化（シャッター通り化）、それによる居住福祉基盤の脆弱化という構造的問題を扱うものである。本章では、元来市民の力が強い米子市で、草の根の動きとして生じてきた、高齢者福祉と掛け合わせた商店街の活性化の動きに着目して、教授が年来説かれている「居住福祉資源」の重要性の主張と結び付けて、その各地での発掘の意義を実践しようとされる（それについては、『居住福祉資源発見の旅（居住福祉ブックレット1）』（東信堂、2006）参照。例えば、寺院などとリンクさせた商店街活性化の例として、東京巣鴨のとげ抜き地蔵通り〔2005年5月に同所で現地視察会を行っている〕、島根県松江市の天神町商店街での取り組みなどが、重要であろう）。そしてそのような居住福祉資源が充実した地域を再生させることこそ民主主義の基盤になるという指摘は、まさに事柄の本質、そして近年の地方分権改革のおかしさを言い当てているように思われる。

　5　居住福祉の概念は、様々なテーゼを含んでいるが、それらは相互に一貫した理論的なものの見方に貫かれていると私は考えるが、最近の平成大合併や地方分権改革に対して、居住者である一般市民のレベルに目線をおいて、批判的に再検討する対抗軸となるものである。そのためにも、本書が多くの読者に読まれることを願う次第である。

　実は、本巻に収める諸論考が出揃って、もう2年近くにもなっているが、諸般の事情から遅れてしまっていることをお詫びしたい。そして、この間、小泉政権以来とくに顕著になっている新自由主義的な規制緩和論、地方切捨て的な安易な三位一体論や平成の大合併、また強引な郵政民営化改革について、ようやくここに来て「都市・地域間の格差問題（地域間格差）」として、その負の側面は前面化して、過般の参議院選挙の自民党の大敗を受けて、今後のトップの政策課題となってきた観がある。その意味で、現場主義を通じて、地方の窮状をいち早く嗅ぎ取り、その地域再生の鍵となる概念は、「中山間地の居住福祉」であり、その財の再配分的な公共的支援が急務であると、一貫して説き続けてきた当学会の先見性について、読者は、お汲み取りいた

だきたいと思う。今後の変わらぬご教示・ご支援をお願いしたく思うわけである。

なお、居住福祉叢書のテーマは、中山間地の問題以外にも、満ち溢れている。さしあたり喫緊のものとして、思いつくことだけでも列挙してみても、①近年の地震、台風被害の続出に鑑みても、災害復興の居住福祉学の道筋を示すことは、極めて重要であろうし（前述の如く、これは、中山間地の問題ともオーバーラップする）（これについては、第5巻として編集計画中である）、さらに、②居住差別ないしソーシャルインクルージョンの問題（ホームレスは、2巻で扱ったが、低所得者や在日などの差別問題以外にも、高齢者、母子家庭、障害者、ハンセン病療養所入所者・退所者などの居住に関して、社会的隔離現象をどのように克服して、そうした人々の居住福祉を充実させていくかという問題である）についても包括的検討が求められているところであろう。また、③介護保険制度との関係で、高齢者住宅（特に認知症、身体不自由の高齢者のそれ）ないしそのサポートのあり方についても、学際的考察の必要は高く、隣国韓国でも近々の制度導入も相俟って比較研究の要望は高いし、④児童虐待、さらに広く児童福祉（子の福祉）ないし教育問題と居住福祉との交錯も喫緊の課題であることは、既に述べたとおりである。

こういう具合に、居住福祉学の課題は山積しており、行く手は峻険であり、しかし同時に社会的要請も高くやりがいのある問題ばかりである。本巻までは、パイロットプログラム的に、編集者中心の企画となっているが、この学際的新領域分野の学問的営為の高まりに、本叢書が微力を果すべく、どうか幅広い分野、年代、職種の人々からの雄編の寄稿もお願いする次第である。

中山間地の居住福祉

第1章 東アジア諸国の福祉社会開発と地域コミュニティ再生——地域福祉と居住福祉の視点から——

野 口 定 久

はじめに

　21世紀はアジアの世紀であるといわれている。アジア独自の生活や文化に根づいた経済や社会システムの発展には、人間存在と人権の基礎である「良質の居住環境の整備」と「社会的セイフティネットの安定」が不可欠である。私たちの住む住居、居住地、地域、都市、農産漁村、国土等居住環境そのものが、人びとの安全で安心して生き暮らす基盤にほかならない。また、セイフティネットの語源がサーカスの空中ブランコの安全網であるように、社会的セイフティネットとは個人の人生や家族のリスクへの対応のための社会政策プログラムを意味する。

　これまで東アジア諸国の福祉国家の国際比較研究において重要な位置を占めてきたのは福祉オリエンタリズム（欧米型の福祉レジームに対して東アジアの福祉レジームの独自性を主張）である。しかし東アジア諸国の文化的伝統、経済構造、社会構造は、非常に多様であり、同質のものとして扱うには無理がある。そういう意味において東アジアの福祉国家性格論争や福祉社会開発学の構築は、オリエンタリズムにとらわれない自由な比較研究の出発点を形づくるといえる。従来とは異なる国際比較の基準として次の3つを考えることができる。すなわち、①規制の水準による比較、②各国政府の給付政策や規制政策がどの方向に向かっているかというベクトルによる比較、③福祉国家の成立時期、国内要因や国際環境等その発展段階の比較である。

　本章では、福祉国家論の枠組みの再編を念頭に置きながら、東アジア諸国（主として日本・中国・韓国の3国をイメージしている）の福祉社会開発のための政策形成に向けて、超高齢少子人口減少時代における

地域コミュニティの持続的発展の方向を地域福祉および居住福祉の視点から模索してみたい。

1 なぜ、いま福祉社会開発学なのか
――地域コミュニティの持続可能性

●地域コミュニティの持続可能性

　私は、ここ数年来、日本の中山間地域を訪ね、そこに住み続けている高齢者の方々に、「なぜ、そこに住み続けたいのか、また住み続けなければならないのか」と繰り返し尋ねている。また、都市部では、要介護高齢者の方々から、「なぜ、在宅で家族とともに暮らし続けたいのか」という在宅ケア継続の願いを聞いている。もっと便利なところで、都市に住む子世代となぜ一緒に住まないで、豊かな自然環境や昔からの人間関係のあるところに住み続けたいのか、という意志の存在を確認したいという思いが、私として地域福祉や居住福祉に引き寄せるのである。

　出口の見えない長期デフレ不況にあえぐ住民の意識のなかには、閉塞感が蔓延している。他方、少年犯罪・非行問題・児童虐待等の青少年問題の深刻化に象徴されるように、家族やコミュニティの扶養能力が低下している。家族が孤立し、家族構成員が個人化し、子育て中の若年夫婦世帯や障害者・高齢者の要介護者を抱えた家族の間で、孤立や孤独が意識され、その解決が否応なしにコミュニティや家族関係の再生を求める声となって現れてきている。こうした現代の生活と福祉問題の問題群を解決し、新しい社会進歩をめざすために、さまざまな学問領域からのアプローチが必要になってきている。ここでは、「誰もが安全に安心して住み続けられる家庭と地域社会」をテーマに取り上げ、その可能性のシナリオを「福祉社会開発学」という新しい概念で説明してみよう。

　現代社会のグローバル化は、主として大企業等豊富な資本力を有するものにとってはプラスに作用することが多いが、地場産業や住民の日常生活の場である地域社会には、マイナス（負）の影響を及ぼして

いる。しかし同時に日常生活の場である地域社会で、その問題解決が迫られている。すなわち、ローカル化とは、日常生活から遠く離れたところで生成した諸問題が身近な地域社会のなかで解決を求められていることを意味している。地域環境や福祉問題の生成の場としてのグローバル化（Think Global）と、問題解決の場としてのローカル化（Act Local）が求められているのである。

地域コミュニティが抱えている問題は多岐にわたっている。たとえば地球温暖化による地域の生態系と食物連鎖の破壊、国境を越える新たな感染病の蔓延、労働力余剰国の低賃金市場への地域産業のフライト（流出）、国際経済の波のなかにのみ込まれる地域経済、地域経済の衰退による商店街の衰退、失業やリストラにともなうホームレス問題、少子高齢者にともなう子育てや介護問題、障害者の地域生活へのコンフリクト問題等々である。都市や地方を問わず日本の地域社会は、今、グローバル化と地方分権化のなかで、再生のシナリオを模索している。

超高齢少子社会の迷路にあえぐ地域コミュニティは、新自由主義経済政策と分権型社会システム化のなかで、衰退への途か、それとも再生への途か、どちらのシナリオを描くことができるかが問われている。もちろん、このまま放置しておくと前者の途から逃れられない。今、求められているのは地方行政や住民の地域再生への理念と具体的な政策プログラム、そしてそれを遂行する強い意志である。ここまで差し迫った状況に置かれているのが、今日の地域コミュニティである。

●中山間地再生のための理論枠組み

21世紀が始まり、人間の生命と環境の課題を、グローバルな視点とローカルな視点の両方から解明しようとする大きな流れが感じられる。これらの課題解明には、自然科学、社会科学、人文科学の俯瞰型研究が重要となってきている。その融合領域として福祉社会開発モデル研究の実践的理論的な位置づけが求められている。ここでは、現代日本の中山間地の家族や地域社会で生じている福祉問題へのアプロー

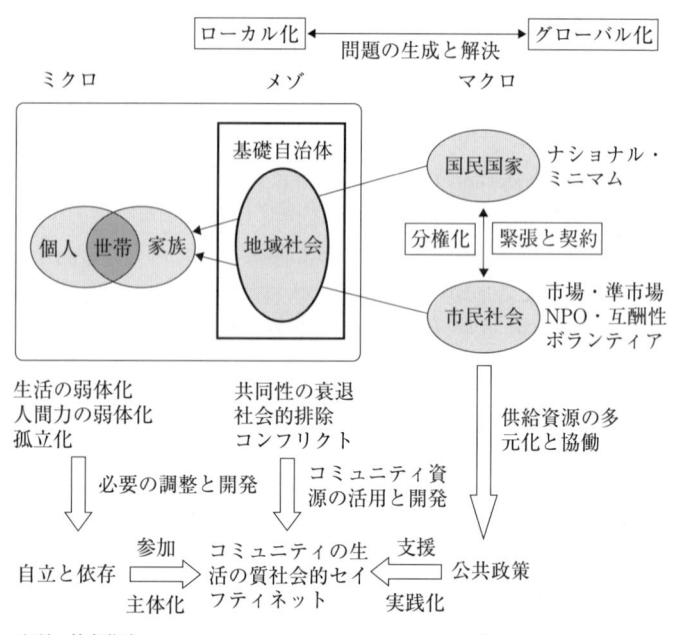

出所：筆者作成

図1　地域コミュニティ再生の概念図——空間と政策と実践

チと問題解決への理論的枠組みを示す。

　これからの中山間地再生のための福祉社会開発モデル研究の前提は、主として現代福祉問題の生成の場としてのグローバル化と、主としてその福祉問題の解決の場としてのローカル化の視点を、これからの地域再生論の理論的背景として構造化することである。この分野で主として用いる地域福祉論や居住福祉学は、実際に現場で生じている事実や人びとの声に耳を傾ける学問である。このような視点は、人材養成および拠点形政、現実からの理論化に不可欠である。

● 自然と人間の共生領域

　私は、この間、日本福祉大学21世紀OCEプログラムや地域福祉計

第1章　東アジア諸国の福祉社会開発と地域コミュニティ再生

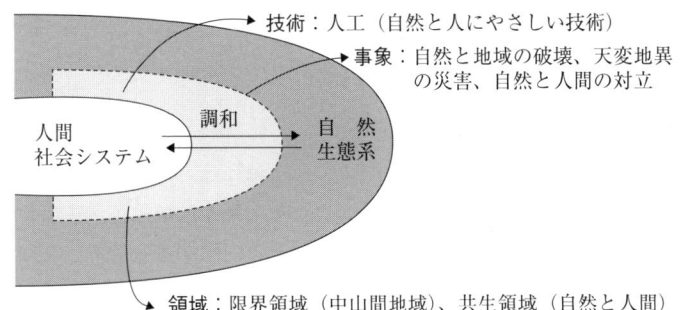

出所：筆者作成

図２　自然と人間の共生領域（自然、技術、人）

画プロジェクト等で、岩手県沢内村、山形県最上町、高知県嶺北地区、奈良県十津川村等の中山間地域の実地研究を進めてきた。とくに近年、豪雨や台風、火山の噴火、大地震などによる中山間地域の崩壊が相次いで生じている。在宅の一人暮らし高齢者や老夫婦だけの世帯、障害者等災害弱者の被害が気に掛かる。ここ数年の、このような事態は、これまでの地域開発政策や地球温暖化による中山間地域の自然生態系の破壊によって生じているのではないだろうか。自然生態系に介入しすぎた人間への反撃が始まったのかもしれない。その意味でも、中山間地域の自然生態系の保全は、そこに住む人びとの地域生活の安全、安心という居住基盤の形成をも意味するといえる。

　自然生態系と人間の社会システムとの限界領域にある中山間地域の集落の急速な崩壊は、同時に都市社会の衰退をも意味している。したがって、中山間地域の集落に暮らす人びとの生活機能を維持し、集落の人びとが自然生態系を保全する集合的な営為を構築するための政策形成を急がなければならない。そして自然と人間が安心して共に生存することのできる共生領域を形成するためには、自然を破壊する乱暴な開発ではなく、自然のなかに人を包み込んでいくようなやさしい人工的技術を開発しなければならない。

2 東アジアの福祉社会開発への視点
——福祉国家性格論争のなかで

●比較福祉国家論のアプローチ

　本研究の主題である福祉社会開発の対立軸には、エスピン=アンデルセン（G. Esping-Andersen）が提示した欧米型の比較福祉国家論がある。そもそも福祉国家とは、資本主義がその内部から必然的に生み出す階層間格差と社会的不平等という主要な課題に立ち向かうために出現した国家枠組みである。ここで用いる「比較福祉国家論」とは、主として欧米各国の社会政策および社会サービス供給システムの役割、思想や理念、あるいは経済社会システムの指標化に基づいて各国の特徴を比較分析する方法論を指す。この方法論には、初期のものとしてウィレンスキーとルボーによる残余モデル[1]と制度モデル[2]がある（Wilensky and Lebeaux, 1958）。このアプローチは、1950年代のアメリカの社会福祉状況を産業主義に照らして分析したものであり、産業化や都市化にともなって、残余的モデルから制度的モデルに移行することを説いた。ウィレンスキーとルボーによる残余モデルと制度モデルという対照的なモデルに加え、その中間的なモデルとして産業的業績達成モデル[3]を提唱したのがティトマスである（Titmuss, 1974）。

　ティトマスは、これらのモデルをまとめて、次の3つのモデルに発展させた。

　①残余的モデル（residual welfare model）

（1）近代社会では、家族と市場が正常に機能している場合を想定し、その機能が不全状態に陥ったときに、はじめて国家が資源供給体として登場するというのが残余モデルの考え方である。

（2）産業化や都市化によって社会福祉問題が市民生活に一般化してくると、もはや家族や市場だけでは対応することがむずかしくなり、国家の役割が拡大してくる。このように国家が市民生活の中心的な位置を占めることになるというのが制度モデルの考え方である。

（3）市民社会における個人が、その国家や社会に対する貢献度によって所得保障や福祉サービスの供給量が連動する、いわば貢献による社会政策のモデルといえよう。

表1　エスピン゠アンデルセンの福祉国家レジーム

①用いられる指標
・階層化指標：社会保障制度の職域的格差（例えば、社会保険が職域間・地位別プログラムに格差化され分立している度合い）
・脱商品化指標：労働者の市場法則からの自律性（社会政策の給付が労働力をどれだけ商品化から切り離しているか）

②福祉国家類型化と特質
・保守主義モデル：ドイツ、フランス、オーストリアなど
　　　職域的制度の分立が顕著、脱商品化が中位
・自由主義モデル：アメリカ、日本、オーストラリアなど
　　　福祉給付の高い不平等性、脱商品化が低位
・社会民主主義モデル：スウェーデン、デンマーク、ノルウェーなど
　　　社会保障制度の普遍主義、脱商品化が高位

出所：G. Esping-Andersen (1990) *The Three Worlds of Welfare Capitalism*, Poliy Press, 74. G. エスピン゠アンデルセン（岡沢憲芙・宮本太郎監訳）『福祉資本主義の三つの世界』ミネルヴァ書房、2001年、82頁の表3-3を参照

表2　福祉レジームの特徴について

	自由主義	社会民主主義	保守主義
役割			
家族	周辺的	周辺的	中心的
市場	中心的	周辺的	周辺的
国家	周辺的	中心的	補完的
福祉国家			
連帯の支配的様式	個人的	普遍的	血縁、コーポラティズム、国家主義
連帯の支配的所在	市場	国家	家族
脱商品化の程度	最小限	最大限	高度（稼得者にとって）
典型例	アメリカ	スウェーデン	ドイツ・イタリア

出所：G. エスピン゠アンデルセン（渡辺雅男・渡辺景子訳）『ポスト工業経済の社会的基礎』桜井書店、2000年、129頁

②産業的業績達成モデル（industrial achievement-performance model）
③制度的再分配モデル（institutional redistributive model）

　この3つのモデルは、エスピン゠アンデルセンの『福祉資本主義の3つの世界』において展開された比較福祉国家論に発展していく。

　このエスピン゠アンデルセンの欧米型福祉国家類型論に対応するよ

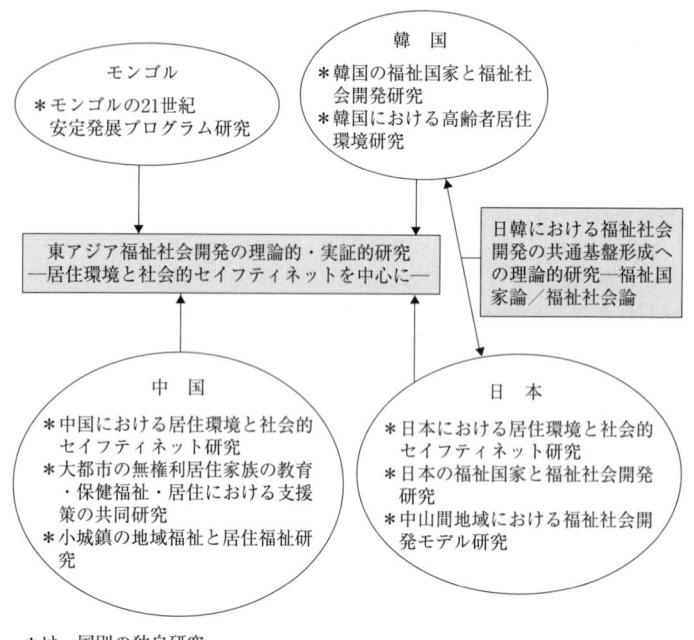

＊は、国別の独自研究
▢は、国際間の協同研究
出所：筆者作成

図3　東アジア福祉社会開発研究鳥瞰図

うに登場したのが東アジア型福祉国家性格論争である。これは、1997年IMF危機とアジア諸国の福祉政策の変化、新自由主義的アプローチの台頭、オリエンタリズムの終焉、東アジアレジームは存在するのかといった問題意識から出発している。ここでは、これらの研究主題のなかから、「日韓における福祉社会開発の共通基盤形成への理論的・実証的研究」および「居住福祉の視点による東アジア福祉社会開発の論理的・実証的研究」を中心に、3の研究目的・方法・内容について紹介する。

第1章　東アジア諸国の福祉社会開発と地域コミュニティ再生

●日韓における福祉社会開発の共通基盤形成への理論的・実証的研究

　本研究プロジェクトの目的は、3つある。第一に日韓両国を中心とした福祉国家性格論争および福祉社会開発研究の理論枠組みを創造することである。第二に、これら両側面から現実に両国で生じている福祉問題の性格を分析しうる国際比較研究方法論を開発すること。第三に、その方法論を用いて両国における福祉国家および福祉社会形成の共通基盤と両国の独自性の両方を踏まえた政策形成および実践システムの研究拠点づくりをめざすことである。

　韓国では現在福祉国家性格論争が展開されている。これまで福祉国家の国際比較研究において重要な位置を占めてきたのは福祉オリエンタリズムである。そういう意味において韓国福祉国家性格論争は、オリエンタリズムにとらわれない自由な比較研究の出発点を形づくるものであるといえる。従来とは異なる国際比較の基準として次の3つを考えることができる。すなわち、①規制の水準による比較、②各国政府の給付政策や規制政策がどの方向に向かっているかというベクトルによる比較、③福祉国家化の発達段階をコントロールした比較である。

　現代日本における福祉問題は、「心身の障害・不安」―「貧困」と「社会的排除や摩擦」―「社会的孤立や孤独」の対立軸としてとらえることができる。グローバル化のなかで日常生活から遠く離れたところで生成した諸問題を、身近な地域社会のなかでいかに解決していくかが重要であり、「問題生成のグローバル的な視野と問題解決のローカルの視点」（武川、2003）が求められている。現在の研究テーマとしては、「韓国の高齢化と家族介護者の性差」、「福祉社会の日・韓比較分析」、「保育・子育て支援に関する福祉社会学的研究」、「ジェンダー視点からみた福祉国家の再編」、「社会福祉におけるマイノリティの参加」、「児童福祉や貧困」などが想定される。

●東アジア福祉社会開発の理論的・実証的研究

　本研究の目的は、日中韓の3カ国を研究対象とし、高齢者、障害者等が安心して暮らすことのできる地域社会および家族のあり方につい

て明らかにすることにある。具体的には次の3つをめざしている。①日中韓の福祉社会開発研究に携わる若手研究者の養成、②現地の研究チームを主体にした理論的・実証的研究を通じての東アジア福祉社会の理論的共通基盤の形成、③居住福祉学の視点から日中韓3カ国の福祉社会開発の共通基盤とそれぞれの独自性に基づく政策形成および実践システムへの研究拠点づくり。

第3回日中韓居住問題会議が2003年、中国の大連市で100名余りの参加者により開催された。この会議は、2000年より日中韓3カ国の住宅問題に関する情報の交換ならびに研究協議の場として年1回開催されてきた。これまでの学術会議は、「老年世代の居住環境」を共通テーマとして取り上げ、建築学、社会政策学、経済学、社会福祉学など多領域の学識者、実務家からの報告と討議が行われた。

中国の改革開放政策の下で、「高齢者の面倒を家族がみる」という中国の伝統的風潮は、社会的ケアへ急激に変化してきている。そこで、現在次のようなさまざまな政策が展開されようとしている。①高齢者の共同団地の建設、②一般の集合住宅のなかに、一定の比率で高齢者向け住宅を含める、③「高齢者医療保養」として、病院から退院した高齢者世帯に病院から看護師を派遣し、家政サービス(ホームヘルプサービス)を提供し、在宅での療養を可能とする、④高齢者のための「慢性病院」の設置など。

一方、韓国の報告は、やはり家族の扶養意識の変化にともなう高齢者世帯の増加が問題であり、こうした高齢者がしばしば孤立した暮らしに陥っているというものであった。そこで、「老人亭」(いわゆるデイサービスセンターで、100世帯以上の集合住宅あるいは300戸以上の戸建て住宅を計画する際に設置を義務づけた)を設置し、そこに集まってくる高齢者に対し、居場所と建設増進のプログラムを提供している。

東アジア文化圏が相互に向き合うベクトルは、「ここに住みたいと願う人びとが、安全に安心して住み続けられる良質の居住環境の整備と社会的セイフティネットの張り替え」という福祉社会開発へと向いているといえる。したがって、これからの居住福祉の政策的展開は、

次の3点に焦点化されることになろう。①居住空間の視点から：ライフサイクル上のさまざまなリスク（生活上の事故）を支えることのできる住宅政策、②コミュニティの視点から：個人・家族・地域社会それぞれが主体的に、社会的排除や孤立、人権侵害という福祉の諸問題を克服していく実践の構築、③公共政策の視点から：コミュニティの生活の質（安全、健康、居住環境、雇用、社会サービス、交通・情報、参加）を保障するための公共政策の実現。

● 中国・小城鎮の地域福祉と居住福祉の研究

中国の行政区の一つである小城鎮とは、城市（大都市・中都市）と村との中間にある「社会実体」（費孝通）である。人口規模は、2000～4000人、4000～6000人の単位が最も多い。本研究プロジェクトのねらいは、日本の地方小都市や中山間地域と中国の小城鎮における地域福祉および居住福祉の実体比較を通して、小地域を単位とした内発型の地域発展の類型化を試みることにある。

日本の中山間地域と中国の小城鎮における居住福祉および地域福祉の実体比較の考え方は、双方とも、小地域や小城鎮の調査を出発点にすることである。研究課題は次の3つである。第一は、中山間地域の村とその周辺の町（または地方都市）とを一つの連続体としてとらえる立場をとる。したがって、今回の調査研究では、中国の農村と小城鎮とを結ぶ地域に重点を置いて、その両地域の人口移動、生活、福祉制度や家族扶養、居住福祉資源などの関連性に焦点を絞っている。

第二の課題は、従来の都市部外発型大型開発計画による経済特別区を中心とした中国の地域発展戦略に代わりうる地域発展論の確立を試みることにある。従来の単線的な発展方法論だけでは、中国の人口の8割近くを占める農村が都市型の大規模工業化の恩恵を直接蒙ることはできない。現代中国の農村と都市部の人口移動による不均衡や不平等、そしてその流動人口のもたらす社会犯罪、火災等の社会不安がコミュニティ（社区；中国で使われる地域の総称）の場で生じているのである。この研究には、南京大学と共同で行っている日本福祉大学の

COEプログラム「大都市の無権利居住家族の教育・保健福祉・居住における支援策の共同研究」との接点が認められる。

　第三の課題は、もう一つの発展論の提示にある。その方法論とは、農村と都市を結ぶ小城鎮に地元の資本を流通させ、住民の必要に応じた知恵と創造性とコミュニティ資源、外部の情報を取り入れて、新たな地域産業を起こす内発型の産業発展を進めることである。すなわち、農村住民の経済、福祉、文化生活を向上させ、大都市部への人口流出を防ぐという戦略を立てることにある。

3　転換期の社会福祉

●社会福祉の政策環境と考え方の変化

　1980年代半ばから始まるわが国の社会福祉基礎構造改革の潮流は、地域福祉を中心に進展している。こうした社会福祉の転換期に台頭した地域福祉を2つの側面から定義することができる。第一の定義（広義）は、ポスト工業化社会における福祉国家の再編と福祉社会の開発をめざして、住民・市民が共有する社会的ニーズを充足したり、地域コミュニティを基盤とした生活の質に関わる諸課題を解決するために、生活に最も身近な市町村および広域圏レベルにおいて住民・市民の参加と協働による公共目的を設定し、問題の解決を図っていくための政策および実践の組織的営為である。第二の定義（狭義）は、人権尊重とノーマライゼーション（社会的常態）およびソーシャルインクルージョン（社会的包摂）の理念に基づき、地域コミュニティを基盤に一人ひとりの生涯にわたる生命と生活を総合的に守り支える仕組みを、当事者・利用者および住民・市民の主体的な参加によって公共民セクター間および専門職間との協働の実践を通じてつくっていく集合的営為である。

　すなわち、地域福祉が目標とする福祉社会の実現は、人権尊重とノーマライゼーションの理念に基づき、一人ひとりの生涯にわたる生活を総合的に支える仕組みを、地域を基盤にして、住民の主体的な参加に基づく公私協働の実践を通じてつくっていく営みそのものである

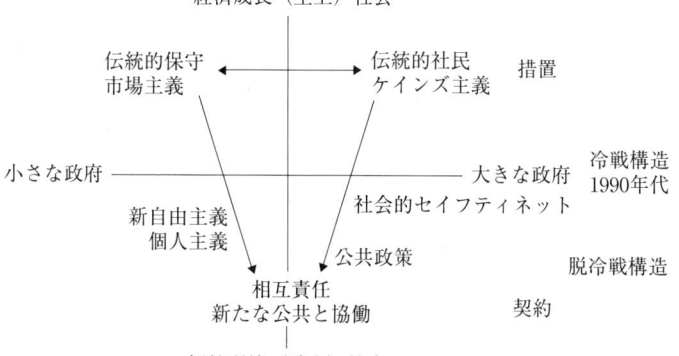

出所：広井（2000）[4]を参考にして筆者加工

図4　福祉国家と福祉社会の統合への枠組み

といえる。いわば福祉社会の開発が展開される「場」こそが、地域コミュニティである。その地域コミュニティとは、ノーマライゼーションの思想が地域に根づいている福祉社会という意味でのコミュニティを指している。そして、この地域コミュニティの創造に向けて地域社会づくりを行おうとするプロセス、方法・技術が地域組織化活動およびコミュニティワークということになる。いまや、解体しつつあるコミュニティを再び組織化し、また複雑化・多様化していく福祉のニードにマッチした保健福祉サービス等のソーシャルサービス・システムを構築していくには、住民の主体形成力、自発的な問題解決能力や自治意識の向上が不可欠である。そのためには、生活問題の直接的な担い手である当事者、地域の住民、地域ボランティアの参加や協力が欠かせない。なぜならば、このような住民参加の促進こそが、福祉問題の解決の主体者としての住民意識の向上、近隣関係の稀薄化による孤立化の防止、人間の尊厳を侵害している状況の改善など、地域福祉の政策や実践が連動したまちづくりにつながるからである。

では、社会福祉をめぐる政策環境はどのように変化してきているのか。生活水準の向上、生活環境の整備、保健医療や地域福祉サービス

の展開などにより国民の健康と福祉の状況は大きく改善されてきた。さらに、疾病構造の変化による成人病の増加、高齢化の進展にともなうケアを要する人びとの増大が今後とも予想されるほか、医療や福祉の高度化・専門化、保健・医療・福祉のネットワーク化、在宅福祉サービスの広がり、医療費の増大、情報システム化の進展など保健・医療・福祉を取り巻く環境条件は大きく変化している。

● 2つの対立軸――1990年代を画期として

このような戦後の国民生活の変化と社会福祉政策の関係を広井良典は、2つの対立軸――富の「分配」と「成長／拡大」の分析法を用いて説明している[4]。すなわち、「大きな政府」対「小さな政府」と、「成長（拡大）志向」対「環境（定常）志向」に対応する政策として、前者には社会福祉・社会保障の政策、後者には環境の政策を設定している。この図を応用して、私が加工したのが図4である。

広井は、ヨーロッパ的な文脈では、戦後から経済成長志向という共通の土俵に立ちつつ、市場の自由放任かケインズ主義かの政策対立の構図が続いてきたが、現在では、その対立は解消に向かい、新たな対立軸である縦の軸に沿って成長（拡大）志向から環境（定常）志向へとその重心を移動させている、と分析している。では、わが国はどうか。この点についても、「経済成長という一元的な価値の中ですべてが展開してきたため、つまり"パイを拡大することを通じて皆がそれなりに豊かになる"という構図の中で動いてきたため、たとえば富の分配をどうするかといった論議を正面から取り上げる必要がなかった」という広井の分析は示唆的でもある。

これまで日本では、このような対立軸そのものが、きわめて不鮮明なものとしてしか認識されてこなかった。ただし、わが国では、1979年に閣議決定された「新経済社会7カ年計画」のなかで「日本型福祉社会論」が提起された。これを図4の文脈でみると、経済成長

（4）広井良典「社会保障政策と環境政策の統合」『特集　社会政策研究のフロンティア』東信堂、2000年11月、15頁より。

第1章　東アジア諸国の福祉社会開発と地域コミュニティ再生

(至上)社会のなかで、わが国がケインズ主義の福祉国家から世界的な流れの市場主義に移行するときに生起した考え方であるといえる。しかしこのような動向も、1990年を画期として一変する。すなわち、経済成長至上主義を基調とする日本経済は、冷戦構造のなかで達成しえたものであった。この右肩上がりの経済成長に陰りが見え始める契機は、1985年の「プラザ合意」であったといわれる。さらに、歴史的な転換点は、1989〜91年の冷戦体制の崩壊であった。すなわち、1990年を境に経済社会の基調は、「脱冷戦構造」に移行したといえる。

このような経済社会政策の環境変化のなかで、わが国の社会福祉基礎構造改革が進行していくことになる。わが国の福祉レジームのベクトルは、図4で示したように、中央集権的な経済成長至上型の福祉国家レジームから地方分権による福祉環境型の福祉社会レジームへ方向転換していくことになろう。そのためには、分権型福祉社会を地域福祉の考え方がリードしていく必要がある。

そこで、1990年の社会福祉八法改正から今日の社会福祉基礎構造改革までの社会福祉の考え方の変化をキーワード的に並べてみよう。

1) 福祉サービスの総合化と普遍化
    * 現代における国民生活の変化、生活問題の多様化・複合化
    * 現代社会の新しい福祉問題群の登場
        ① 社会的排除・差別―社会的孤立・孤独
        ② 貧困―心身の障害・不安
    * 福祉サービスの拡大、隣接領域との連携・総合化
    * 保健・医療・福祉サービスの連携からトータルケアシステムへ
2) 措置型から利用型の福祉サービスへの転換
    * 生活の質(QOL)を重視した居住環境の整備、利用者本位のサービス供給、顧客満足(Customer Satisfaction)
    * 介護予防と地域自立生活支援
    * ケアマネジメントとコミュニティソーシャルワーク
3) 施設福祉型から地域福祉型への転換
    * 伝統的に社会福祉施設への入所措置という形で展開されてきた

社会福祉援助のあり方を地域社会における在宅福祉サービスを機軸とする地域型の生活支援や援助に抜本的に転換していこうとする試み
4) 供給主体の多元化
＊行政・社会福祉協議会・社会福祉事業団・福祉公社・住民参加型のNPO団体・民間企業・コミュニティビジネス等
5) 福祉国家と福祉社会
＊ナショナル・ミニマムとローカル・スタンダードの体系化
＊地域住民の自主的・主体的な参加と協働を基盤とする意図的・人為的な社会組織の積み重ねとしての福祉社会の構築
6) 現代の社会福祉の諸理念
＊普遍主義化・国際化・地域化・分権化・多元化・脱規制化
＊脱施設化・在宅福祉化・統合化・常態化

4　福祉社会が対応する新たなリスク

●グローバル化とローカル化のなかで

　現代の地域社会における生活は、グローバル化とローカル化のなかで展開されている。今日のグローバル化の特徴は、①世界の市場を高速に流通する資本や金融の量的規模の拡大、②開発途上国から先進国への労働力の移動、③情報の瞬時の移動、④生活資源の流動化等である。これらは、日常生活の場である地域社会に影響を及ぼしており、その場での問題解決が迫られている。すなわち、ローカル化は、日常生活から遠く離れたところで生成した諸問題が身近な地域社会のなかで解決を求められていることを意味している。たとえば、地域環境破壊の問題、食の安全問題等々である。これらの問題は遠く離れたところで生じている問題ではあるが、まさに日常の茶の間と陰に陽に関係する問題でもある。

　いま、地域福祉は、コミュニティをめぐって2つの対立軸の融合化に直面している。一つは、グローバル化のなかでの「国家と市民」の対立、そして、もう一つは、分権化のなかでの「経済不況と生活の

質」の対立の融合化である。これからの地域福祉に求められるのは、問題生成の場としてのグローバルな視点と、問題解決の場としてのローカルの実践である。

●現代社会の福祉問題——新たなリスクの登場

　現代社会における地域コミュニティをめぐる動きは、福祉問題や生活問題の観点でとらえた場合、1990年代に転換しているように思われる。1990年以前のコミュニティと福祉問題は、主として1960年代以降の急激な産業構造の変化、勤労者世帯の増大、人口の都市への集中、過密・過疎問題、地域の生活環境の変化、さらには核家族化や家族崩壊などの家族変動、女性就業の機会の増大と共働き世帯の増加、人口の高齢化と老人問題の発生等のように、地域社会の「貧困や生活の不安定化」、「心身のストレス」として表出した。

　しかし、1990年代のバブル崩壊から日本経済が長期不況のトンネルのなかに入り込むと同時に、世界的なグローバリゼーションの波のなかで、ローカリティが新たな意味を持つようになった。今日、低所得者に対する福祉施策の重要性はいささかも薄れていないが、福祉の対象として、経済的には必ずしも困窮していなくても、社会的にさまざまな障害や生活の諸困難を抱える人びとを想定するようになってきた。このことから、障害等社会的不利を負った人びとへの配慮が特別なことではなく、社会的弱者の存在をありのままに受け入れる社会が「福祉社会」であることが認識されるようになってきたといえる。いわばノーマライゼーションの実現へ向けて、地域の生活者である住民の福祉ニーズに包括的に対応するため、福祉行政だけでなく、行政の各分野はもちろんのこと、住民の活動や参加を得ながら、ともに生きる"まちづくり"や"地域福祉計画"の必要性が強調されるようになってきた。

　現代社会では人口移動が激しく、くわえて私生活優先の生活態度が広がっているので、近隣や親族等の地縁・血縁のネットワークが弱まったとも考えられている。しかし生活の近代化は、かえって地域住

社会的排除や摩擦

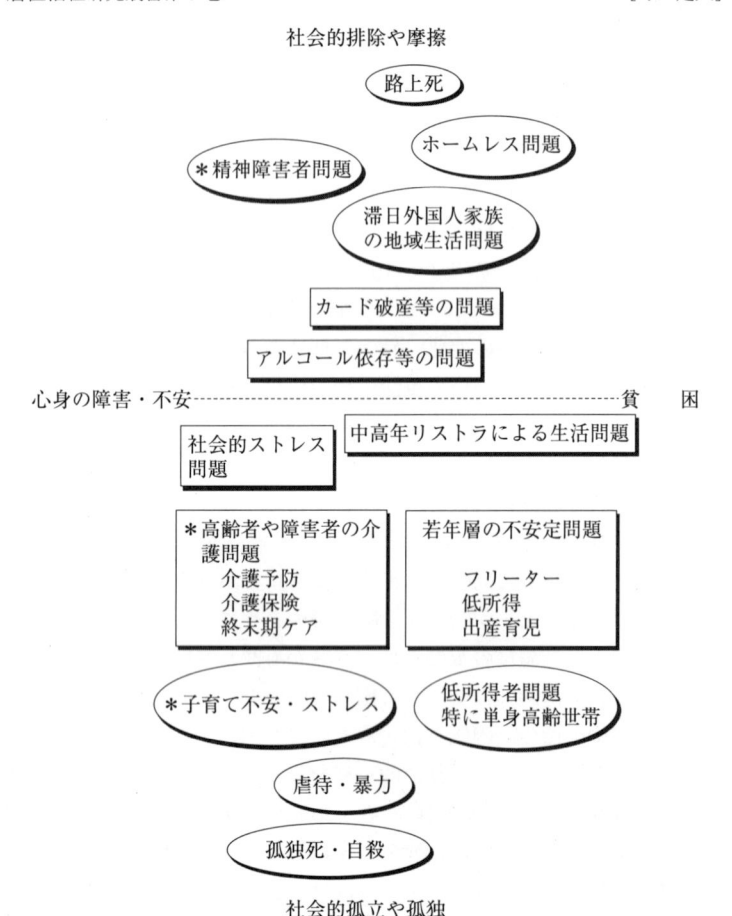

- 路上死
- ホームレス問題
- ＊精神障害者問題
- 滞日外国人家族の地域生活問題
- カード破産等の問題
- アルコール依存等の問題

心身の障害・不安 ―――――――――――――――――――――― 貧　困

- 社会的ストレス問題
- 中高年リストラによる生活問題
- ＊高齢者や障害者の介護問題
  - 介護予防
  - 介護保険
  - 終末期ケア
- 若年層の不安定問題
  - フリーター
  - 低所得
  - 出産育児
- ＊子育て不安・ストレス
- 低所得者問題　特に単身高齢世帯
- 虐待・暴力
- 孤独死・自殺

社会的孤立や孤独

資料：厚生労働省社会・援護局「社会的な援護を要する人々に対する社会福祉のあり方に関する検討会報告書」（2000 年 12 月 8 日）より抜粋、＊は野口が追加

図5　現代社会の社会福祉の諸問題

民にとって地縁・血縁のネットワークの持つ意味をますます重要にしているともいえる。現実的には、子育ての支援、困ったときの援助や緊急時の通報、ゴミの分別処理、公園の管理、地域の共同作業、痴呆

性高齢者の地域での見守り、町内会やPTAの役員など、日常生活の各面にわたって近隣や地区住民相互の関係は、その必要性を増してきている。さらに、グローバル化による定住型の外国人家族の増加による地域の人間関係の摩擦、地域のなかに建てられる障害者施設と周辺住民とのコンフリクト（葛藤）、近年の経済不況による失業やリストラと雇用問題、家庭や地域社会のなかで生じている児童虐待や暴力等、新たな福祉問題が日本全国至るところで生起しているのである。

5 居住福祉学の課題と展開

21世紀が始まり、人間の生命の課題を、グローバルな視点とローカルな視点から解明しようとする大きな流れが感じられる。これらの課題解明には、自然科学、社会科学、人文科学の総合的かつ協働的な取り組みが重要となってきている。その融合領域として地域福祉と居住福祉の実践的理論的な位置づけが求められている。本章の主題である「東アジアにおける福祉国家の再編と福祉社会の開発への模索」を考えるにあたっては、居住福祉という考え方を用いるのが有効であろう。

近年、私たちの身の回りで生じている経済や社会の変動は、これまで家族や組織（企業社会、地域住民団体）に支えられてきた、これまでの生活の一応の「安定」の大変換を迫っている。いま、まさに人間と家族と地域が病んでいる。こうした現代の生活福祉問題群に対置し、それらを解決し、新しい社会進歩をめざすために、さまざまな学問領域からのアプローチが必要になってきている。このような課題意識から、2001年1月14日に設立されたのが居住福祉学会である。では、この居住福祉という考え方について、まず述べてみよう。

●居住福祉の考え方

居住福祉は、どのような社会をめざしているのであろうか。まず、学会の目的の全文を紹介し、居住福祉の考え方を披瀝する。「人はすべてこの地球上で生きています。安心できる"居住"は基本的人権で

あり、生存・生活・福祉の基礎です。私たちの住む住居、居住地、地域、都市、農山漁村、国土等居住環境そのものが、人びとの安全で安心して生き暮らす基盤に他なりません。本学会では、"健康・福祉・文化環境"として子孫に受け継がれていく"居住福祉社会"の実現に必要な諸条件を、研究者、専門家、市民等がともに調査研究し、これに資することを目的とします」(原文のとおり)。このことを早川和男は、「住居は生活の基盤、健康・発達・福祉の基礎[5]」であると、簡潔に言い表している。

●居住福祉の対象と課題

わが国の地域コミュニティは、とくにバブル経済の崩壊後、少子高齢化・過疎化・地域経済の衰退化・商店街の空洞化等の地域共同性および地域への文化的アイデンティティの喪失といった状況のなかで元気を失っているように見える。それは、1960年代を契機に、日本の津々浦々まで大量生産・大量諸費社会を実現させ、個々人の欲望の極限化社会をつくり出してしまったことに起因する。このような大量消費型による生活様式の変化にともなう生活の質の軽薄さともいえる実態は、他面において家族や地域社会の解体化として現われている。したがって、21世紀の福祉政策は、新しい問題状況に立ちすくんでいる家族・地域社会・組織(企業や自治体など)に対し、本格的に介入を試みなければならない。

そこで、現代の家族や地域社会が抱える福祉問題の性格をみてみよう。

第一は、家族の大きな変化である。単身家族や高齢者世帯の増加、共働き世帯の一般化は、子育て・保育ニーズの多様化、介護ニーズの深刻化(老人虐待)をもたらした。第二に、児童発達をめぐっての問題である。少年非行の粗暴化、凶悪化、児童虐待など、児童や少年少女の発達をめぐって「人間力」の弱体化が進行し、子どもの自己実現

---

(5) 早川和男「序論 住居は福祉の基礎」早川和男・岡本祥浩『居住福祉の論理』東京大学出版会、1993年、1-32頁を参照。

や自らのアイデンティティ形成に家庭、学校、地域が立ちすくんでいる状況がみられる。教育、福祉、保健・医療等あらゆる社会のセクターで真剣に取り組むべき重要課題である。また、子どもたちの食卓の風景をのぞいてみると、そこには核家族化した両親の共働きの増加によって、家族揃って食事をする機会の減少と一人で食事をする子どもたち（孤食）、家族の生活時間のズレによるコミュニケーションのなさ、栄養摂取のバランスの悪さやストレス等の危機的な現象が現れている。第三に、差別・排除や異文化の問題である。もう一つの国際化（在日外国人の生活権の保障）、障害者問題、ホームレスの問題は、貧困や人権の問題と同時に、差別や排除（social exclusion）の問題として、また異質文化の交流（social inclusion）という排除論と統合論の交差の課題を地域住民に問い掛けている。第四に、現代の生活問題を国際的な環境問題と貧困問題としてとらえる必要性である。自然環境問題としてのダイオキシン、CO_2問題、そしてアジア、アフリカ、ラテン・アメリカ諸国の貧困問題等のグローバリゼーション化は、一国内の問題としてとらえられず、国や地域、市民社会で密接に関係しあっているのである。

●福祉国家と居住福祉

まず、一人の人生をライフサイクルとして見立てることにする。その人生には、リスクが当然生じる。そのリスクは2つある。一つは児童期の出産や子育て、壮年期の失業、高齢期の稼動能力の減退による貧困といった、それぞれのライフステージで生じるもの、もう一つは疾病や障害など人生を通じて生じるものである。さらに、それらは社会的なものと、個人的なものに分かれる。すなわち、これらのリスク（生活上の事故）に対して、社会的に対応していこうとするのが一般に社会保障といわれるものである。

福祉国家の基本的な柱をなす社会保障制度は、18世紀後半以降の産業化ないし工業化の進展という、経済システム全体の構造的な変化とともに展開してきた。言い換えれば、産業化ないし工業化以前の農

業中心の社会においては、私たちが今日社会保障と呼んでいるものはほとんど存在せず、いわば（農村）共同体のなかでの相互扶助が、実質上社会保障としての機能を担っていた[6]。人生のリスクは、この共同体（地域社会、家族、企業）から順次、離脱していく過程で生じるといえる。したがって、一般に社会保障は、これらのリスクに対して、「個人が保険料を出し合って集団でリスクに備える、という"リスクの分散"を基本原理とする"社会保険"と、税を財源とした"所得の再分配"を基本とする"福祉（公的扶助）"にさしあたり分けること[7]」ができ、福祉には、公的扶助の他に、最近では社会サービスが加わることになる。

いわば生活上のリスクが生じた場合に、社会的セイフティネットの構造や強度が問題となる。すなわち、社会的セイフティネットこそが、それぞれの社会保障制度の強度に関連し、かつ福祉国家の水準に関わることになる。本来、社会保障は次の内容で構成される。①出産・育児手当、雇用・労災・医療保険、老齢・母子・障害・遺族年金、生活保護などの所得保障、②医師・保健師・看護師・理学療法士・作業療法士・ホームヘルパー・ソーシャルワーカー、社会福祉士・介護福祉士、ケアマネジャーなどの人的福祉サービス、③保育施設、養護施設、障害（児）者施設、介護福祉施設（特別養護老人ホーム、老人保健施設、療養型病床群）、在宅介護支援センター、デイサービスセンター、保健所、診療所・病院等の保健・医療・福祉施設などである。これらに、近年では介護保険制度が加わる。わが国の介護保険制度に関して言えば、上記の社会保障のうちの人的サービスと施設サービスを保険という形で提供するが、所得保障は含まない、また財源は、税と保険料と利用料によるところが特徴である。

そして、これらの社会保障や社会福祉の基礎に位置づくのが、生活環境と住宅であり、これが社会保障制度や社会福祉制度を基盤にした福祉国家における居住福祉の位置づけである。

（6） 広井良典『日本の社会保障』岩波新書598、1999年、3頁。
（7） 同上書、3頁。

わが国では、住宅政策が不完全であることが、住宅保障が行き届かない人たちの人生全体を不安定なものにしている。早川は、わが国の住宅政策の貧困から、「劣悪な住環境や危険な家屋構造が病人をつくりだし、家庭内事故を続発させ、寝たきりや痴呆老人をつくりだしているとすれば、そのことを放置しておいて、結果として生じる貧困や傷病や福祉需要を事後的に救済するというのでは、社会保障は機能しなくなるであろう[8]」と、居住福祉が社会保障制度や社会福祉サービスを支える逆機能としての役割を強調している。

●福祉社会と居住福祉

社会保障制度の一つの代表が「社会保険」という仕組みである。いうまでもなく、社会保険（疾病保険、労働災害保険、厚生年金、雇用保険、介護保険）が作動するのは、「リスク（生活上の事故）」が発生したときである。また、かつての措置行政に基づく社会福祉制度・サービスは、基本的に申請という行為を確認した後、その状況がサービスや所得保障を受けるに値するかどうかの判定が必要となった。そのシステムのなかに、サービスを与える立場とサービスを受ける立場との上下関係が厳然と存在することが措置制度の運用上の批判点でもあった。このように措置制度は、一般的に発生した「リスク（生活上の事故）」への事後的対応という性格を有し、措置型の社会福祉制度は、基本的に要援護者の申請・判定をともなわざるをえない。

私は、社会保障制度や措置型の社会福祉制度を否定する立場には立たないが、しかし、それだけでは、今日の日本社会における生活・健康・福祉に関わる諸矛盾を、もはやカバーできない状態に立ち至っている。さらに、こうした諸矛盾の前に地域社会や家族、企業等の組織が立ちすくんでいる状態が日本のあちこちで確認できる。そこで、これからの福祉政策の当面の課題は、以下のように整理できよう。①幅広い階層の社会的・心理的ニーズに応えられる「対人福祉サービス」

---

(8) 早川和男・岡本祥浩、前掲書、12頁。

を促進し、普遍的な層を対象にすること、②そのためには地方自治体の分権化を進めつつ、自治体が財政的に自立すること、③福祉サービス提供事業者の多元化を進め、財政と供給の関係を整理しながら、新しい公私の役割分担を明確にすること、④そして、そのうえで予防的な施策を打ち出すこと、⑤さらに、現代の福祉問題に立ち向かう主体形成を進め、市民や住民が自律化（他者から自分をコントロール）すること。

　居住福祉がめざすべき社会は、包括的社会（ソーシャル・インクルージョン）であり、差別や排除、人権侵害という現実を克服していく理論と実践の構築が求められている。キーワードとしては、人権、ノーマライゼーション、住民参加、実践研究、内発的発展などがあげられる。

6　福祉社会開発と地域コミュニティ再生への私論

●変革は、遠いところから

　いままで見てきたように、地域コミュニティの持続のためには、福祉社会開発学に内包される地域福祉や居住福祉といった方法論が有効である。図6で示したように、福祉社会開発と地域コミュニティ再生への概念は、ソフト、ハード、財政の3つの側面と方法の側面で構成される。今日のような高齢化社会では、大量生産・大量消費の生活様式にはなじまない。高齢者等社会的弱者の生活ニーズの充足や社会サービスへのアクセスが必要となる。たとえば、小売商店の御用聞きとか、消費者の好みや消費行動といった個人情報を集め、個人の嗜好に合わせた販売方法などである（ソフト面）。そのソフト面を活かしながら、従来のコミュニティが生活機能として保有していた諸資源（たとえば、鉄道の駅舎、商店街、寺社、郵便局、銭湯、街並み、朝市、骨董市等）を再活用し、高齢者等が住み続けられるコミュニティ空間を形成するための居住環境が基盤になければならない。住民が集まれる住まいやまちの空間づくり、よろず相談所、世代間の交流施設、高齢者・障害者・子どもの交流空間をコミュニティのなかに生活機能の資

第1章　東アジア諸国の福祉社会開発と地域コミュニティ再生

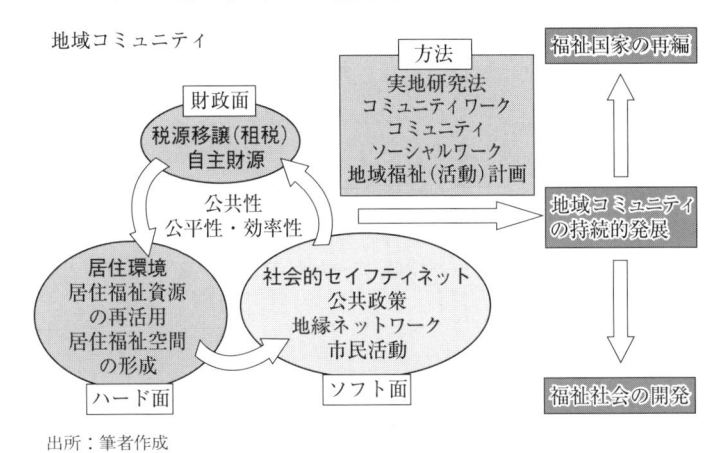

図6　福祉社会開発と地域コミュニティ再生への概念図

出所：筆者作成

源ストックとして蓄積していくことである（ハード面）。そして、これらハードとソフトを媒介する財政が必要となる。地方にとって三位一体改革は、国への依存体質から脱却するチャンスだが、カネを手にすると同時に責任も負う。自治体がいかに創意工夫して、住民本位の行政を実現するのか。住民を含めた新しい公共の担い手が創造力を持つことが求められ、住民と自治体との協働によって、公平と効率を積極的に両立させることが求められる（財政面）。

これら3つの側面を推進する方法としては、実地研究法によるコミュニティワークやコミュニティ・ソーシャルワーク、地域福祉（活動）計画等地域福祉の方法技術が有効である。いわば、地域コミュニティを人間の生活の「場」として再生させるシナリオをどう描くか、その理念と方法、アイデアが求められている。地域コミュニティの維持は、人間の生活の持続可能性を追求することである。

地域コミュニティの生活機能を完結することができなければ、その地域社会から生活機能が流出して過疎化してしまう。たとえば、日々の生活に必要な消費財を遠くの都市まで買いに行かなければならないとすると、その地域社会は必ず過疎化していく。そこに住む住民の生

活機能が地域社会に包括的に準備されていなければ過疎化が生じてしまう。これは、大都市部にも生じる過疎化の典型的な現象である。子どもを産み育て老いていくための包括的機能が備えられていなければ、人口は流出していってしまう。そうして、日本の集落から人が流出していったわけである。したがって、地域コミュニティの諸資源を再活用して、住民の生活の持続可能性を追求することが求められる。集落→中山間地域→地方小都市→中都市→大都市へと、変革は遠いところから始まる。

● 地域コミュニティの内発的発展

内発的発展という考え方は、鶴見和子が提唱した、近代化論に対抗しうる地域社会の論理である。近代化論とは、西欧は長期間かけて近代化を実現したが、前近代にとどまっている非西欧の後発諸国・旧植民地諸国も別のコースをたどりつつ同じく近代化を達成するとする議論で、アメリカの社会科学者を中心に展開された。これに対し、内発的発展論は、イギリスやアメリカと同様に近代化することをよしとするのではなく、それぞれの地域がそれぞれの自然生態系とそれぞれの文化にしたがって、住民の創意工夫によって発展の道筋を創り出すことを提唱する理論である。

鶴見和子は、この内発的発展論と近代化論との違いを次のように述べている。「近代化論の場合は、はじめに一般理論があった。その理論にしたがって、国際比較をすればよかった。内発的発展論の場合は、順序が逆である。地球上さまざまの場所に芽生えつつある実例を、注意深く見守り、そしてあるものには自らも力をあわせながら、相互に比較をすることをとおして、理論を、低い段階の一般化からより高次の一般化へと、徐々に構築してゆかなければならない。そのようにして育まれる理論は、それぞれの地域にねざして、多様であろう。多様な実例と多様な理論とを、どのように共通の目標にむかって、つなぎあわせてゆけるかが、内発的発展論のもっともむずかしい挑戦的課題である[9]」と。

第 1 章　東アジア諸国の福祉社会開発と地域コミュニティ再生

　地域福祉や居住福祉は、実際に現場で生じている事実や人びとの声に耳を傾ける学問であり、書斎の中にその対象と課題を見出すことはできない。日本居住福祉学会活動方針には、次のような一文が含まれている。「社会における様々な居住をめぐる問題の実態や居住の利、居住福祉実現に努力する地域を現地に訪ね、住民との交流を通じて、人権、生活、福祉、健康、発達、文化、社会環境等としての居住の条件とそれを可能にする居住福祉政策、まちづくりの実践」。福祉社会開発学構築の方法論として、内発的発展論は不可避なのである。

（9）　鶴見和子『内発的発展論の展開』筑摩書房、1996 年、18 頁。

第2章　中山間地の居住福祉法学と
地方自治・平成市町村合併

吉田邦彦

　研究者は、一貫した内発的な理論的関心で研究テーマ設定を行っていくべきだというのが、私の持論である。しかし、私の専門の民法学と（ここに扱う）居住福祉法学（とりわけ中山間地のそれ）・地方自治・平成大合併とが、どのように内在的に結びついているのか、単に最近の流行のテーマをジャーナリスト的に追いかけているだけではないか、という不満をお持ちの読者がおられるかもしれない。

　そこでここでは、まずどうして民法学者の私が、居住福祉法学、とりわけ中山間地のそれについて取組んでいるのか、民法と地方自治とは如何に隣接した分野であるのかを説くことから始め（1）、またそれがどのようにアメリカでの議論と結びついているかを述べ（2）、それを受けて、わが国での近時の「三位一体改革」での私の問題意識を叙述する（3）。その上で、全国各地の地方自治再生の取り組みを見て、平成市町村合併がそれらにどのような帰結をもたらすかを分析して、それらをまとめる形で、今後のあるべき方途を述べる（5）。以上が、本稿の構成である。

1　なぜ、民法学（とくに所有論）からのアプローチなのか
　　──民法学と中山間地論・地方自治論との関わりの理論的分析

　（1）　私は、この10年余り、所有理論への関心を寄せているが、その理論的軸となるのは、戦後60年間民法学に大きな影響を及ぼしてきている川島所有権法〔商品交換法の理論〕の理論[1]の批判的検討ということであり、それはすなわち、所有物の流通に関する市場原理

---

(1)　川島武宜・所有権法の理論（岩波書店、1949）（新装版1987）。

の妥当性——つまり「商品化」(commodification)——の限界に関する「批判的視角」であった。そしてこの点では、レイディン教授の所有理論の人格理論[2]から学ぶところが大きかった。具体的な検討素材としては、人体（人工生殖医療）、環境、情報、そして居住・都市問題に及んでいるが、もっとも日米の比較法が難しく、時間を要したのは、最後の居住法学であった[3]。

　というのは、住宅・都市問題については、日米の比較法も容易ではないからである。すなわち、在米研究中の頃から様々な都市を訪ねて（例えば、ボストン、ニューヨーク、ボルチモア、ピッツバーグ、インディアナポリス、ニューオーリンズ、マイアミ、ラスベガス、サンフランシスコなど）、それらの諸都市の生成・発展、現状の問題点、人種的分布の推移・居住隔離の状況、都市と郊外との広域的な都市問題克服の努力などを鋭意分析中であるが、それぞれの特殊事情は、多様に存在しており、日米のコンテクストの相違も少なくなかったからである。しかし、それでも分析の理論軸を幾つも抽出できるようになると、日本の居住法学（居住福祉法学）の比較法的な特殊性が如実に見えてくるようになり、ここでも川島所有法理論の影響は、深刻だと言うのが私の診断である。

　（2）　それはどういうことかと言えば、川島理論では、「商品交換」が強調され、所有の対象物の商品化・市場化が一般化されるが、居住問題にそのしわ寄せが如実に出ているということである。日本における住宅観の特徴として、諸外国以上に市場原理（個人主義的な近代所有権）への偏りが見られるわけであり、居住は、甲斐性の問題とされて、災害にあっても、個人補償はなされないというドグマは、その端的なあらわれである。換言すれば、「居住問題に対する公共的支援と

（2）　See, Margaret Jane Radin, Reinterpreting Property（U. Chicago Press, 1993）; do., Contested Commodities（Harvard U. P., 1996）.
（3）　及ばずながらの成果として、吉田邦彦・民法解釈と揺れ動く所有論（民法理論研究第1巻）（有斐閣、2000）、同・多文化時代と所有・居住福祉・補償問題（民法理論研究第3巻）（有斐閣、2006）。

いう発想」は、極めて弱いということになり、ここにおいて、早川和男教授の「居住福祉学」の問題意識(4)と見事にドッキングすることが分かるであろう。例えば、①レント・コントロール、②家賃支援、③公共住宅など、さらには、④持ち家率の高いところでは居住保護に威力を発揮する比較法的に稀な倒産法制である住居の差押禁止法制（homestead exemption）など、市場主義社会の国アメリカの方が、よほどわが国よりも議論が多い。そのくらい日本の状況は、比較法的に特殊であり、構造的不景気が継続するとたちどころにホームレスが続出するという事態が生じている（この点、北欧などのように公共賃貸が低所得者・高齢者住宅に大きなウェイトを持っているところでは、アメリカのような倒産法制をとらなくてもその波及効果はわが国とは比べ物にならないくらい低いだろう）。

　これは、医療保障の領域では、既に1940年代に包括的医療保険の原型が作られたわが国とアメリカの市場型医療保障とでは、顕著な対照を見せるのとでは、大きく事情が異なっていることが分かる（従って、包括的な医療保険は、今日崩壊しつつあるいわゆる1940年体制〔年功序列、終身雇用、メインバンクシステムなど〕の一環をなすものであろうが(5)、居住問題でこれに当たるものを探せば、住居賃貸借の継続性を図る──解約・期間満了における──「正当事由」制度であった（借家法1条ノ2、借地法4条1項、6条1項〔現借地借家法6条、28条〕）が、近年は、それらは「定期借地権」「定期借家権」により廃止されていることが忘れてはならない）。かくして、居住の公共的保護という課題は、時代の要請としても深刻であり、その具体的素材は山のようにあることが分かるであろう。この点で、民法学では、近時「公法と私法の協働」などと総論的な議論がなされることは多い(6)が、その具体的中身は比較的空虚である（国

---

(4) 早川和男=岡本祥浩・居住福祉の論理（東京大学出版会、1993）、早川和男・居住福祉（岩波新書）（岩波書店、1997）など。
(5) このような見方としては、吉田邦彦・契約法・医事法の関係的展開（民法理論研究第2巻）（有斐閣、2003）342頁参照。
(6) 例えば、2006年5月の日本法社会学会のシンポ。

立マンション訴訟や相隣関係などが議論されるくらいである)。しかし、居住福祉法学は、そうした総論の実践としての良い具体的課題となろう(逆に言えば、従来民法学でこれらがほとんど議論されていないのは、居住福祉法学の視角が欠落していることを示すと言えないだろうか)。

(3) ところで、「居住福祉」を語る際には、住宅というハード面だけでなく、居住に関わるソフト面、つまり、居住生活に関わる問題——教育、交通、消費施設(商店街)、医療・福祉、安全性・保養環境など——をトータルに捉えることが含意されている。これらが、地域コミュニティの形成・存続を考えるに際して重要な因子であり、こうしたものが草の根の民主主義ないし公共的決定への参加の自由(H・アレント)を支えていくことは、アメリカの都市論・地方自治論からも学ぶところが大きかった(とくにフルッグ教授からの教示[7])(さらに、アメリカでは現実的にも、郊外居住〔しばしば人種隔離的な排他的コミュニティ〕の際には、子どもの教育環境や安全性(犯罪の少なさ)つまり警察機能は、大きな要因である)。

そしてこのように、居住に関わる基盤整備のあり方、さらには、社会の財の再配分という広い意味での所有レジームとして、居住福祉の外郭の問題を考えていくと、地方自治問題を扱わざるを得ないことがわかるであろう。居住福祉法学の担い手としての団体の問題は、同法学の構成要素でもあるが、地方自治の問題は、まさにそれに関わるといってもよい(さらに、アメリカでは、近時多くの「コミュニティ再生団体」〔荒廃した都市部の再生の意味での都市居住福祉構築に携わる非営利団体〕に関する議論も盛んである[8])。

---

(7) Gerald Frug, Citymaking : Building Communities Without Building Walls (Princeton U. P., 1999) 149〜(新しい都市論)、174〜(コミュニティ形成). なお、アレントが、「社会的圧力から逃避する私的生活保護としての自由」と対照的に用いる、「社会的生活問題決定(居住福祉問題決定といっても良い〔吉田〕)に関与する公共的自由」に関しては、Hanna Arendt, On Revolution (Viking Press, 1963) (Penguin Books, 1990) 114-120参照〔志水逸雄訳・革命について(ちくま学術文庫)(筑摩書房、1995)〕。
(8) これについては、さしあたり、吉田邦彦・居住福祉法学の構想(居住福祉ブック

（4） アメリカの地方自治法学においては、「都市（cities）と郊外（suburbs）との関係」をどう考えるかが喫緊のアルファーかつオメガ的な課題であるが[9]、さらにその延長線上で、わが国における近時の深刻な地方分権ないし地域間格差の問題である「都市と地方との関係」（ないしそこにおける財の再配分という所有レジームの問題）も考えることができるであろう。

そして、本稿のテーマにも掲げた、目下閑却されている「地方（中山間地）」には、「公共的価値」——すなわち、①国土保全、②景観、③食の確保、④環境保護、⑤都市・農村の関係、さらには、⑥荒廃した精神回復機能など——があることに目を向けることが、所有理論の問題として忘れてはならない。つまりそうなると、中山間地問題は、個人主義的な私的所有論理では賄えず、ここでも公共的支援のシステムが必要になるからである。

2 アメリカ法学からの関心誘発

（1） ところで、私の所有法、居住法学の延長としての地方自治法学への関心は、アメリカでの議論からの刺激を受けるという形で迂路を通って形作られたことは、既に述べ始めていることである。

もっとも両国では、かなり議論のコンテクストが異なるようであり、概して、アメリカでは、都市問題とオーバーラップして、多くの地方自治の議論があり、反面で、それほど中山間地の問題は論点になっていない。しかし、理論的な分析の枠組み作りの際には、有用であるように思われる。

また、社会的弱者である①低所得者、②女性、③高齢者、④人種的マイノリティ（とくにアメリカにおいては、アフリカ系アメリカ人の問題）の居住福祉問題が、地方自治法学の大きな課題となることは、洋の東西を問わない[10]。

　　レット）（東信堂、2006）14‐15頁参照。
（9） Frug, supra note 7, at 4-5, 58〜．
（10）　See, Frug, supra note 7, at 154-61.

（2） すなわち、アメリカの都市法学ないし地方自治法学の中心問題は、都市の空洞化・スラム化ということであり、これは、アメリカ諸都市の変遷史として、都市中心部ほど低所得者ないし人種的マイノリティが居住し、富裕者は交通網の発展とともにどんどん郊外に移住していく（いわゆる「白人逃避（white flight）」）というのが従来の状況であったというユニークな事情と関係している（もっとも、1980年代頃から、富裕者（郊外居住者）の都市中心部へのカムバック、それによる中心部の高級化（gentrification）という新たな問題にも直面している）[11]。

人種的にも所得格差的にも隔絶した都市中心部と排他的な郊外との関係のあり方、その意味での貧富の地域的格差とその克服のあり方は、解決困難なアメリカ地方自治法学上の「ヘラクレスの問題」であり、そのようなコンテクストで、合併や広域政府の議論などの議論もなされている[12]。また、前述コミュニティ再生運動とて、そうした問題の解決のための「アリアドネの糸」として提示された、近時有力な一方途と位置づけられよう[13]。

（3） なお、アメリカ都市問題に関わる団体論としては、とくに郊外で目立つ排他的な家屋所有者組合（homeowners' association）の問題がある[14]。そして、これ（例えば、排他的ゾーニング）を公共的にどのように規制していくかという批判的議論も有力であるが（著名な裁判例として例えば、Mt. Laurel事例[15]）、社会編成原理の観点から見れ

---

(11) アメリカの都市居住状況の変遷については、吉田邦彦「アメリカの居住事情と法介入のあり方（とくにボストンの場合）（1）」民商法雑誌129巻1号（2003）（同・前掲書（注3）（民法理論研究第3巻）第2章に所収）。

(12) これについても、さしあたり、Gerald Frug, Beyond Regional Government, 115 Harv. L. Rev. 1763 (2002); do., Is Secession From the City of L. A. a Good Idea?, 49 UCLA L. Rev. 1 (2002) 参照。

(13) この概観ないし理論的分析として優れているのは、William Simon, The Community Economic Development Movement : Law, Business, and the New Social Policy (Duke U. P., 2001) である。

(14) E. g., Evan McKenzie, Privatopia : Homeowner Association and the Rise of Residential Private Government (Yale U. P., 1994).

(15) E. g., Southern Burlington County N. A. A. C. P. v. Township of Mt. Laurel, 336 A.

ば、共同体主義と個人主義とのせめぎあいの問題でもある[16]。

3 日本の三位一体の地方自治改革、とくに、平成市町村合併問題のわからなさ

(1) 次に、日本の近年の地方自治改革の問題に移るが、これについては、いわゆる「三位一体」の地方分権改革(①補助金の削減、②地方交付税の削減、そして、③税源移譲である)ないし平成の市町村合併が進行していることは、周知の通りであろう。もっとも、削減される補助金額よりも、移譲される税源額ははるかに少なく(例えば、平成16 (2004) 年の骨太の方針では、4兆円の補助金改革に対して3兆円の税源移譲が目標とされ、同18 (2006) 年度までに実行されるのは、補助金改革が3.8兆円に対して、税源移譲は、2.4兆円プラスアルファーである〔また交付税も激減されている(平成12 (2000) 年には、21兆円だったが、その後毎年1兆円ずつ減り、同17 (2005) には、約17兆円にまで減っている。平成17-18 (2005-2006) 年度には、大幅に減らさないことが骨太方針に盛り込まれているが)〕[17])、地方自治財政がこの間に急速に締め付けられていることを、冒頭に指摘しておかねばならない。

(2) また、平成市町村合併については、既に書いているとおり[18]、①経緯は、平成7 (1995) 年の地方分権推進法(市町村合併特例法〔1965年合併特例法の95年改正〕)(地方交付税の算定特例(支給維持)(5年間)、臨時需要への交付税措置(3年間)、市町村合併補助金(3年間。一律500万円))に始まり、それを受けて、同11 (1999) 年地方

2d 713 (N. J. 1975) (ゾーニングに関する); Edgewood Independent School District v. Kirby, 777 S. W. 2d 391 (1989) (学校財政に関する). See also, David Kennedy, Residential Associations as State Actors : Regulating the Impact of Gated Communities on Nonmembers, 105 Yale L. J. 761 (1995).

(16) これに関する優れた論文は、Gregory Alexander, Dilemmas of Group Autonomy : Residential Associations and Community, 75 Cornell L. Rev. 1 (1988) である。

(17) これについては、さしあたり、岡本全勝ほか・三位一体改革と自治体行政(公人の友社、2006) 4頁以下参照。

(18) 次に述べる①②③各々につき、吉田・前掲書(注8) 45頁以下、47頁以下、52頁以下参照。

分権一括法（合併特例法の1999年改正）で、合併特例債が打ち出された。これは、事業費の95％、元利償還費の70％まで地方交付税で対応するというものであるし、同改正では、さらに、交付税算定替えの期間延長〔95年改正の5年から、10年へ伸張〕が規定されている。そして、同13（2001）年6月経済財政諮問会議答申（「骨太の方針」）（市町村合併、広域行政の強力推進が謳われ、財政支援措置期限は、2005年3月、市制要件緩和は、2004年3月までとされる）、同年8月の経済財政諮問会議における片山プラン（片山虎之助前総相の「構造改革」の地方自治版として示された市町村合併支援プラン）の提示、同14（2002）年3月の新たな合併指針〔合併支援策の強化〕、そして、同15（2003）年3月の閣議決定と続いた。

なかでも転機となりいささかの物議を醸したのは、同14（2002）年11月の地方制度調査会専門委員会で提示された西尾勝教授の私案であった[19]。そこでは、教授自身のかつての自主的合併の立場（第1次分権改革の頃の立場）は、変えられて、合併強制が説かれ、さらに、その基準は、人口とされ、人口1万人未満の場合には、基礎自治体たり得ないとされたのである（他方で、基礎自治体内部の「内部団体」に一定の役割が認められた）。斯界の学界のリーダーの合併積極論として、政府サイドは、これを援用し、教授以上に合併を強く推進するに至ったわけである（もっとも、西尾教授自身は、その後、離島、広域の中山間地などにつき、やや揺り戻しがあり、慎重な立場になられたように思われる）。

また②長所短所の分析としては、ここではまず、合併が推進された理由を検討しておくと、第1に、財政的体力が増えるとされる。しかし、財政力が乏しいところが一緒になってどれだけ意味があるのか反

---

(19) 西尾私案については、例えば、西尾勝＝大和田健太郎「分権改革と自治体再編——西尾私案の真意を語る」自治研521号（2003）、西尾勝「小規模自治体の存続に不可欠な制度設計」澤佳弘ほか編・自治体あすへの胎動（ぎょうせい、2004）参照。なおかつて、同教授が、自主的合併論で、合併強制には消極的であったことは、西尾勝・未完の分権改革——霞が関官僚と格闘した1300日（岩波書店、1999）19-21頁など参照。

論も出るところであり、中央政府からの補助金・交付税を安易に切り捨ててよいものでもない（確かにひも付き補助金はよくないが）。また、税源移譲といっても、中山間地で高齢者の多いところでは、税源も多くはないのである。第2に、人材が増えるとされるが、一般的にはそうであるとしても、近年はそれとは逆向きの職員リストラの動きが強い。また第3に、合併による財の再配分的効果が説かれることがあるが、これが指摘されるのはとくにアメリカでの議論であり、そこでは、郊外の富裕コミュニティが合併に反対し、問題となっている。しかしわが国ではそれ程多くない（例外として、全国区的な保養地である湯布院の合併による由布市の誕生などがそうした例か）。では第4に、どうして雪崩を打ったように、これだけの基礎自治体が合併に応じたのかといえば、「背に腹は代えられない」地方の苦しい財政事情があり、その足元を見て交付税などの優遇措置に誘導されて、動いただけに過ぎないというのが実情ではないか。だから、合併に心底共鳴している基礎自治体などあまりないと思われる。

　しかし、真の地方自治不在のリストラ志向の平成大合併の短所、すなわち、居住福祉にもたらす悪影響は、あまりにも大きいように思われる。第1に、合併は、中山間地の過疎化を促進させる。「地域自治区」（地方自治法202条の4〜202条の9）の活用には、よほどしっかりして自治意識が必要であろう。第2に、自治基盤の弱体化、崩壊に繋がる。地方自治政府が住民から遠く離れると、現場の実情にも疎くなる。第3に、職員削減による行政コストの削減は、平成大合併の本音であるが、本来の地方自治に反する。住民に近い地方自治にはそれなりのコストがかかるものである。第4に、合併に伴う基礎自治体の地理的規模の肥大化に伴う行政コストについては、充分意が払われているとは思われない。西尾私案を始め、合併推進論の言説では、人口ばかりが指標とされたのである。

　③とくに中山間地の居住福祉にもたらす悪影響の与え方を再説すると、こうである。すなわち、21世紀に広がりつつある地域間格差を是正する取組みが求められているのに、時代の要請に逆行して、今般

の合併の動きないし「三位一体」の地方自治改革は、本来の意味の地方自治を掘り崩し、「地方切捨て」「過疎化推進」に作用していく公算が強い。これは、都市を支える地方の喪失ということであり、この歯止めなき都市化進行を放置しておけば、行く行くは、環境問題など全国レベルでの「日本沈没」的事態が生起されるであろう。具体的には、例えば、①役場がなくなり（雇用の場が失われ）遠くなり、②教育機関も統廃合がなされ（遠方へバス通学になり）、③医療機関も少なくなり、④交通機関も削減される（例えば、道東のふるさと銀河線〔かつての池北線〕が、地元住民に惜しまれながら、終了したことは記憶に新しい）。かくして、高齢者が転居を余儀なくされると、生業を失い、健康を害し、認知症になりやすいとされる。これは、早川教授のかねての主張なのである[20]。また、⑤さらに地方都市では、どこでも中心商店街の空洞化という構造的問題を抱えている。これは、過度の規制緩和による大型店舗の郊外進出の帰結であるが、近時は、空洞化は、中心部の過疎高齢化という事態となっており、店舗の消失は、重要な居住福祉資源の喪失という意味合いを持っている（これに対して、高齢者福祉に配慮する商店街の再生としては、東京巣鴨のとげ抜き地蔵通りが先駆的であるが、それ以外の地方都市での試みとしては、例えば、米子の田園プロジェクト、松江市の天神町商店街の白潟天満宮を核とするもの（巣鴨の再生がモデルとなっている）が貴重だが、まだまだ例外的取組みであって、前途多難である）。つまり、中山間地の地方自治（身近な地方自治行政）ないし草の根の民主主義を支えるためには、それなりに財政が必要なのであることが居住福祉の見地からも言えるわけであるが、近時の合併は、大きな障害となりかねないということである。

（3） 重要なことは、所有レジームとしてみた場合に、従来の自民型平等主義的な地方自治システムが崩れつつあることであり、目下音を立てて進行しているのは、中央・地方間の所得再配分システムの先細り、その意味での、地方自治のレベルにおける「規制緩和」――地

---

(20) 早川・前掲書（注4）109 - 126頁、さらに、同・老いの住まい学（岩波ブックレット）（岩波書店、1993）2頁以下参照（自らの経験も交えて述べられる）。

方財政から、「自己責任」だとして、中央が手を引こうとしていること——なのである（「地方分権」「地方自立」などと称して、やや冷酷に響く「自己責任」という用語は使われないとしたら、やや言葉によるまやかし的な側面がある）。

その点で、指定管理者制度のように、かつての公共サービス（高齢者・障害者へのサービス、保育サービスなど）の民間非営利団体への委譲（アウトソーシング）も「小さな政府」志向の「規制緩和」であるという点で、共通している。つまり、そこでも居住福祉法学上はその団体の公共性に鑑みて、公共的支援〔補助金〕が重要だが、それは切られる方向にあるわけである（例えば、北海道伊達市は、知的障害者のノーマライゼーションの先進地として全国的に有名だが[21]、その際のセイフティネットともいうべき支援活動をしている団体である旭寮への補助金も削減されている。その他、事務委託母体として注目すべき活動をしている日本労働者協同組合への補助金もあまりない）。

（4） 都市化は、全世界的な問題であり、とくにアジアは問題が深刻であるといわれる（とくに、わが国の東京一極化現象もそうである）。その意味で、ここで扱っている中山間地の過疎高齢化の現象は、こうした都市化の裏側の問題に他ならず、地政学的にも食い止めなければいけない。しかし、現実には止まっておらず、地域間格差はひろがり、さらにそれが都市化を促すという悪循環がここにはあるわけである。平等主義的には、その財政調整として、「地方交付税」の意義は高まるばかりだが、現実は、逆行している（先に見たように、「三位一体の地方分権改革」とはそういうものである）。

しかし、皮肉なことに、「地方分権」の名の下に、草の根の地方自治の推進主体は、破壊されてる（現実的には、財政的に締め付けられているだけなのに、「地方自立」が、進歩的に映るという奇妙さがある）。地方の「自己責任」がどうして暗黙裡に措定されてしまうのか、よくわからないところである（夕張問題で近時クローズアップしている、破綻

---

(21) これについては、太陽の園・旭寮編・施設を出て町に暮らす——知的障害をもつ人たちの地域生活援助の実際（ぶどう社、1993）参照。

法制も自己責任にシフトしている[22]という問題がある)。

だが、現代的要請である地域間格差を是正する統治原理としては、「補完性（subsidiarity）」原理が不可欠であるはずであり（これは、比較法的・沿革的に見て厚みのある原理的考え方である[23]）、それこそがまさに居住福祉基盤充実につながるものである。しかし厄介なのは、現実の地方自治行政の原理論争として、そうした対抗軸が示せていないことである。つまり、自民・民主間で、地域間格差拡大に対する是正策を巡る政策論争もない（どちらも大同小異で、都市中心的である〔むしろ野党の民主党の方が、その限りでは先行して、小泉政権がそれを追いかける形になっている〕。しかし、中山間地あっての都市ではないか）。そのためにも、「居住福祉法学」は、対抗原理となりうるのであり、補完性原理の実践的意義を内容豊かにしかも切実な社会的要請として語りうるのではないかと考える。

また、地方自治・分権の領域では、研究者もきちんとした原理的批判をしていないように思われる（むしろ西尾私案は、旗振り役である）。研究者の権威の低下、御用学者ないしお役人的な学者の多さということも関係していると思うが、研究者の存在意義として、権力に飲み込まれずに、原理ないし根底的問題にまで還元して、抜本的な批判的議論を挑むところにあることを、今のような時代だからこそ強調しておきたい。

---

(22) 宮脇淳教授が座長を務める「地方分権21世紀ビジョン懇談会」での破綻法制構想でも、自立的再生スキームが模索されていて（同・地方債・交付税改革と道州制（北大大学院法学研究科附属高等法政教育研究センター、2006) 37頁)、問題である。また、同教授は、地方交付税の減退を前提として地方自治体間の「地方共同税」を構想されるが、「小さな政府」を前提とされ、国と地方間の所得再配分を消極視する限りで、疑問である。

(23) Frug, supra note 12（Beyond Regional Government), at 1788（ECの議論を元に、展開される). さらに、遠藤乾「日本における補完性原理の可能性——重層的なガバナンスの概念をめぐって」山口二郎ほか編・グローバル化時代の地方ガバナンス（岩波書店、2003) 251頁以下、do., The Principle of Subsidiarity : From Johannes Althusius to Jacques Delors, 44(6)Hokkaido L. Rev. 553 (1994) によれば、アウグスティヌスにまで遡りうる歴史的厚みのある統治原理である。

（5） 結局、現状を有り体に言えば、お金（借金をどうするかという問題）本位で——リストラのために——事態が推移している。しかし、「草の根の地方自治」のためには、それなりのお金がかかるのである。「地方自治は民主主義の学校」といわれるが、それに見合う授業料的なコストを惜しんではならないという面もあるわけである。

もとより、財政危機が深刻であることはわかる。だが、だからといって、居住福祉の生活基盤を崩壊させるような緊縮財政を行うことは本末転倒ではなかろうか（自ずと予算削減の順序というものがあろう）。しかも、現在においてもチェックすべき予算の無駄遣いは多いのではないか（例えば、過剰な空港建設〔例えば、神戸空港、静岡空港〕、合併に伴う公共工事、耐震工事ラッシュ。さらには、アメリカ追随的な国際貢献？等々である）。この点で、かつての地方の予算無駄遣いないし補助金依存体質が、攻撃されることがある。たしかに必要性のチェックは肝要であり、削るべきところは削ることも背に腹は代えられない財政上の要請であるということもわかる。だが、当時の地方支出には、中央からの誘導の側面も濃厚であったのであり、それはかつての中央政府の地方行政の失敗であったわけであり、そのツケを今になって地方だけに責任転嫁するのはおかしく、日本全体の問題として、地方自治を壊さないような意味で自治を重視して、補完的に財政再建のシナリオをたてていく〔マクロ的・全国的な視野から、予算の優先順序をつけていく〕ことこそ重要ではなかろうか。地方分権ですべてが解決されるような幻想を与えるのは、逆にいかにも中央政府として無責任であり、またそれを判断できる体力も当該地域（地方政府・基礎自治体）にはないであろう。それでは中山間地からわが国が瓦解していく帰結をもたらしかねないことを忘れるべきではない。

4 具体的な地域に根ざした中山間地の居住福祉再生例

（1） このように、全国いたるところの基礎自治体が、近年の合併騒動に翻弄され、より深刻に存亡の危機に立たされているといっても過言ではないであろう。そんな中で私が注目したいのは、総務省の強

力な誘導による合併の居住福祉法学上の帰結をまさに「自立的に」考え、(合併を拒否したりして) 誘導に一定の距離を置き、独自のまちづくりに取組んでいる基礎自治体である。中央からの「飴と鞭」のなかで、しかも切り詰められる地方財政の中で、どこまでこのような「草の根の地方自治の精神」を維持できるのか悲鳴も聞こえてきそうであるが、ともかくも今こそ耳を傾けるべき実践例といえるであろう。

便宜上ここでは、①福祉のまちづくり (例えば、長野県泰阜村、長野県小海町、北海道奈井江町、鳥取県智頭町。これに対して、秋田県鷹巣町〔現北秋田市〕・岩手県沢内村〔現西和賀町〕では、合併により状況は急変している)、②観光地型まちづくり (例えば、大分県湯布院町〔現由布市〕、長野県小布施町)、③農業再生型まちづくり (例えば、宮崎県綾町、長野県川上村、北海道ニセコ町〔②の面もある〕)、④景観型まちづくり (例えば、北海道恵庭市、前記小布施町、神奈川県逗子市、東京都国立市〔国立マンション訴訟に関して多くの議論がある〕)、⑤災害復興型まちづくり (例えば、北海道奥尻町、鳥取県三朝町。これに対して、新潟県山古志村〔現長岡市〕、川口町などは、なお前途は厳しい) などに分類してみたが[24]、厳密なものではなく、相互にクロスしている。「内発的発展」という用語も広いので、②③などカバーしている。ともかく、例えば、北海道では、更なる合併の圧力もあるようで、こうしたまちづくりにどのような暗雲が今後垂れ込めることになるかは、予断を許さないという状況である。

(2) では、地域間格差を是正すべく平等主義的に補完するべきであるという上記の原理的要請に反する現実〔地方自治財政の圧縮とそれにセットとなった合併要請〕にどう対応していくか。グローバリゼーションに対応しつつ、地域再生 (ローカル経済) を如何に図るか、市場主義経済に乗っかり販路を獲得した中山間地だけしか救われないのか (例えば、高知県馬路村のゆずジュース「ごっくん」、徳島県上勝町のもみじなどのつまもの、隠岐島前海士町のサザエカレーなど)。

---

[24] 詳しくは、吉田・前掲書 (注8) 56頁以下参照。

さらに、環境問題に鑑みて、グローバリゼーションの規制は必要ではないか。例えば、国内林業は、森林・林業基本法〔昭和39（1964）年林業基本法の平成13（2001）年改正〕によって、林業振興のみならず環境重視という新しい理念が盛り込まれているが、外材による空洞化の事態は続いている（例えば、奈良県吉野郡川上村、黒滝村、高知県馬路村魚梁瀬、西土佐村〔現四万十市〕）。そのために、国内森林の荒廃、さらに近隣諸国〔外材の輸入先〕の濫伐による環境破壊という問題も深刻である。京都議定書では、温室効果ガスの削減枠6％で、そのうち森林吸収分は、3.9％（4,800万トン）であるが、このまま荒廃が進めばガス吸収は2.9％になるという[25]。森林維持は、はるかにクールビズなどよりも効果的で、ここから当然に「日本の森林を見直す」という動きが、林業コミュニティの居住福祉確保の要請とともに、出てきていいはずであるが、現実には政策的分断は続いている。

いずれにしても、規制緩和的な市場主義論理では、滅んでいく中山間地は、多く出てきてしまう。平等主義的な地域発展を支える地方自治システムは、弱体化しており、従来の自民型「地元の面倒」[26]に替わるセイフティネットが提供できていないのである。

5 結 び

（1） 今の段階で根本的に軌道修正しておかないと、跛行的・一極集中的な都市化が進行し、とんでもないことになる。また、歯止めのないグローバライゼーションも問題である。故鶴見和子氏は、高度工業化社会が推進する過剰発展（病的発展）を抑える内発的発展は、地球規模的な課題であると述べている[27]。

地域間格差是正のために、理論的に補完性原理が求められるのに

---

[25] 例えば、朝日新聞（大阪版）2005年7月3日（「吉野林業」の中心地——黒滝村）、同2005年8月22日（「林業保護へ輸入規制を」）（いずれも、神野武美執筆）参照。
[26] これについては、京極純一・日本の政治（東大出版会、1983）40-41頁、251頁参照。
[27] 鶴見和子ほか・内発的発展論（東大出版会、1989）48-49頁。

(例えば、離島など)、「地方分権」をかませて、自己責任・自立原理を迫って行くことには、無理が出て破綻が出る。補助金依存体質による予算の無駄遣いという面がこれまであったことは確かであるが、そのモラルハザードを糾弾するばかりに、本来のシャウプ勧告的な地域間格差の財政調整という意味での地方交付税までも切り捨てていくという現状の動きは、振り子が逆向きに揺れ過ぎている。これでは、居住福祉法学の基盤となる草の根の地方自治まで破壊しかねないということに早く気付かれるべきである。真に、「コスト感覚のある地方自治」と「地域間格差に留意した平等主義的な補完性原理」の双方を実現することが、21世紀の中山間地の居住福祉に向けての重要課題であり隘路でもあることを認識して、慎重な舵取りがなされるべきことを切にお願いしておきたい。

（2）　なお、既に述べた如く、昨今、自己責任原理を前提とする破綻法制が検討されているのは、彌縫策的で全体像を見ておらず（ないしは、規制緩和政策に捉われていて）、おかしい。これは、日本レベルでの財の再配分の公共的枠組み作りの問題であり、市場原理を前提とする倒産法制という民間企業の話とは違うのである[28]。夕張問題は、かつての国家的エネルギー政策のツケ（行き着いたところ）のような性格もあり、単なるローカルな問題として、お金の帳尻併せの緊縮財政問題として、今でも多くの坑夫が住む居住福祉環境を劣悪化していくという現状でいいのかどうか。もっと大所高所からの重層的な補完性原理、他方で産炭地歴史資源や夕張メロンの特産品をもっと活かした内発的まちづくりなど検討すべきことは多いであろう（北海道では、釧路などカジノ導入による経済活性化なども議論されているのである）。

（3）　考えてみると、どうもアメリカの悪いところ（例えば、規制緩和）ばかり学んでいないか。アメリカの地方自治のトックビル的伝統の見直しの必要性があるのではないか。アメリカの地方都市を歩い

---

[28] この点で、朝日新聞2006年8月21日9面の「自治体の破綻法制を巡る対論」で、宮脇淳教授よりも、高橋彦芳長野県栄村村長の方が、中山間地問題の本質を言い当てているように思う。

てみると、市庁舎、教会、学校などは、地域自治のシンボルとして大事にされていることが分かる。向こうでもグローバリゼーションな波に洗われているが、わが国では、身近な民主主義の核としての小さな自治体を潰すような上からの国家的圧力をかける前に、その意義を見直す必要こそあるように思われる。

　何も身近な政府がすべての機能を持っている必要はない。足りなければそれを重層的に上位の政府が補完してあげればよいだけのことである。基礎自治体のイメージとして日本では、諸機能具備の「フルコース型」を考えがちであるが、アメリカ・フランスなどでは、「アラカルト型」がとられており、公共組織のスキームのあり方についても比較法的に再検討の提案もなされている[29]。固定的イメージに捉われて、合併運動のしゃかりきになるべきに長期的な中山間地の居住福祉維持、環境問題に鑑みて、慎重に再考されるべきことは多いように思われる。

---

(29)　重森暁・関西地域問題研究会編・検証・市町村合併——合併で地域の明日は見えるか（自治体研究社、2002）24頁以下、さらに、同・地方分権——どう実現するか（丸善ライブラリー、1996）75頁以下。

[吉田邦彦]

（付録） 日米比較に見るコミュニティ再形成と居住福祉の展望——中山間地の居住福祉とアメリカのコミュニティ再生運動からの示唆

吉田邦彦

（司会　野口定久）　ここでは、北海道大学教授であり、現在ハーバード大学の客員研究員の吉田先生に来ていただいております。「日米比較に見るコミュニティ再形成と居住福祉の展望」というタイトルで問題提起をしていただきながら、先の議論と組み合わせて、加藤町長さんが言っておられました、これからの地域自治の方向を探っていきたいと思っています。日米の比較によってコミュニティの再生を論じるということは、全国でも初めての試みではないかと思いますので、どこまでうまくいくか分かりませんが、何とか皆さんにいい刺激が与えられればと思っております。

　まず、私のほうから、この高齢社会におけるコミュニティと集落再編成についての趣旨説明をさせていただきます。最初に今日のキーワードということで申し上げますと、我が国の今までの国家によるコミュニティ形成というところから、今、地域が自立していく、いわゆるコミュニティ再生の方向に向かっているだろう、つまり、コミュニティ形成からコミュニティ再生へという考え方です。

　我が国の高度経済成長期には、急激な工業化と都市化、そして生活の近代化ということが1970年代を舞台に起こったわけです。しかし、私たちは、「西洋をモデルとした近代化の論理では日本の近代化を完全にとらえきれない。切り捨てられたりしたものの中に大変大事なものがあるのではなかろうか」という鶴見和子さんの考え方を軸に、高度経済成長期におけるコミュニティ形成と現在におけるコミュニティ再生の持つ意味の違いを論じていきたいと思っております。ちなみに沢内村の長瀬野地区の集落移転が1971年でした。それではお願いします。

第 2 章 中山間地の居住福祉法学と地方自治・平成市町村合併

＊　　　＊　　　＊

1　はじめに
——分析の軸としての「居住」「コミュニティ」「所有」

　北大の吉田と申します。地元のかたがたの貴重なご報告、どうもありがとうございました。外野の席にいる者として少し付け足し的な報告をさせていただきます。

　私の報告のキーワードは「居住」「コミュニティ」「所有」という3本立てで、それをもとに早川先生などと共同研究を進めており、各地のコミュニティを見て回っています。先ほど藤沢先生から沢内甚句のテープを聞かせていただきましたが、ちょうど1年前に私は早川先生と沢内に下見に参ったのです。そのときに夕食を、佐々木吉男元助役さんほかのかたがたとともにしました。当初佐々木さんは非常に寡黙で、少し緊張した雰囲気があったわけですが、私が沢内甚句を歌いましたら、今度は正調で佐々木さんが歌ってくださいました。それから佐々木さんがすっかり冗舌になられて、民謡の力といいますか、この沢内の社会における文化的なネットワークのようなものを感じたわけです。

　「居住」や「コミュニティ」がどうして所有の話とつながるのかと申しますと、中山間地の農業社会における土地所有といいますか、生活環境所有というものが、市場価値に還元されないような人間形成的な価値、精神的・情緒的な価値の背景にこれまでずっとなってきているからで、私たちは、やはり中山間地の農地の公共性を真っ向から捉えていかなければいけないと思うからです。

　前置きが長くなりましたが、今日、私がお話しすることは3本立てです。第1は、私の問題意識をお話しします。第2に、だからこそ、非常に公共的な価値を備えた沢内のコミュニティを守っていかなければいけないということです。そして第3に、その際の考慮すべきファクターのようなものを、日米比較を通じて幾つか列挙してみたいわけです。

今は在外研究中でして、机の上の勉強ということも多いのです。しかし、私は専門が民法ですが、住宅法から地方自治の問題とどんどん専門以外の分野に手を伸ばし、新しい世界を見ています。そこで受ける知的な刺激の一部だけでもお伝えすることができればということと、アメリカに居て、限られてはおりますが、幾つか現場を見て、それと比較して日本の問題を抱えたコミュニティをどう考えるのかということを、私なりに見てみたいと思うわけです。

2　下降コミュニティの事例と日米比較

沢内の問題をやや一般化してみます。私のレジュメに「過疎・高齢化の下降コミュニティ」とあります。つまり、ダウンワード・スパイラル（downward spiral）、どんどん落ち込んでいくかもしれない、あるいは先行き見通しが暗いコミュニティをどう守っていくかと。すなわち、過疎高齢化が進むと、どんどん若者は抜けていく、コストはかかる、一方で財源は不十分である、こういうコミュニティの問題です。

（1）　我々のこの学会では、2003年の5月に高知県の檮原町、これは棚田サミットの発祥の地ですが、そこを見学しましたし、2002年は鳥取県の日野町、岩手県の藤沢町といった山間の居住地の状況を見せていただいています。すなわちこれは、交通不便で都市部から遠隔である所をどう考えていくかという問題なのです。

（2）　それから、少しシチュエーションは変わりますが、同じく下降コミュニティと考えられる、ホームレスがどんどん増えている大阪府釜ヶ崎、西成区の状況なども視察しました。それから、斉藤さんが来ておられますが、京都のウトロの集落、これは法的には形式上の所有権がないかたがたの集落で、さまざまな不利益を被っておられるのです。ブロックの中に上水道がついたというのも、つい最近のことです。しかし、法的には不法占拠ということで、ウトロに限らず、大阪の伊丹の空港に隣接する中村地区というコミュニティも見てきました。そこでは大騒音があるのですが、不法占拠だということで防音措置は全然執られていないのです。また、家屋によっては汚い水を今でも飲

んでいるということで、最近、そういう人たちは出ていけという措置も執られていることも耳にしております。

また、世界的に見ても、こういうアーバン・スクワッターズ（urban squatters）が大問題になっております。ペルー政府は、何百万という不法占拠者、アーバン・スクワッターズに所有システムを組み替えて所有権限を与え、それによって経済発展につなげていくという、注目すべき施策を執っているようです。これは民法的には取得時効という問題になるわけですが、取得時効というのは、そういうシチュエーションでは所有システムを組み替えていく非常に大きな道具なのだなということを、アメリカでの勉強を通じて再確認している次第です。

（3）　そのほか、震災マンション、老朽化マンションの問題があり、これも非常に全国的に悩ましい問題です。お金のある人はどんどん老朽化マンションから抜けていくわけです。マンションがどんどん傷んでいくと修繕費用がかかりますが、そうなれば、投資する資力がない人でたくさんの修繕費用に対処できません。そうするとやはりダウンワード・スパイラルのコミュニティになっていくわけです。沢内は伝統的に強固なネットワークがあると思うのですが、マンションの場合は人工的なコミュニティなものですから、それが脆弱なのです。それで、震災が起きると外から業者が入り込んで、コンサルタントなどから誤った情報でもつかまされて、建て替えなくてもいいものがどんどん壊され、修繕派の少数派住民が泣いているということなどもあるわけです。

（4）　去年〔2002年7月〕、私がここ沢内に参ったきっかけは、有珠でのプロジェクトとの関係からです。すなわち、有珠山でいつ噴火が起こるかもしれないという危険ゾーンを指定するハザードマップが出されたわけです。しかし、その地域にコミュニティが存在していて、行政側はその集落移転を考えているわけです。そこで早川先生が有珠の洞爺湖町で報告されて、沢内の例を出して、こういうコミュニティもあるのだと、長瀬野の例を引かれたのです。——このように一般化

してみると、日本各地で随分似たような、いろいろな問題を抱えているダウンワード・スパイラルにあるコミュニティがあるということが見えてきます。

（5）　ここは日米比較ということですから、日本とアメリカでの根本的な相違の一つを申しますと、アメリカでは、住宅問題をやっているほとんどの人は都市問題と言うわけです。つまり、都市の中心部ほど荒廃しているのです。アメリカではお金持ちの人はどんどん郊外に行くわけで、そうすると資力がないアフリカン・アメリカン、黒人の人がスラム化した地区で居住するという特殊アメリカ的な現象があるわけです。

私が関心を持ったのは、アメリカ各地で、都心部の荒廃地区のコミュニティを再生しようという動きがいろいろな所で見られることです。私はボストンのロックスベリーという所がここ数年で大きく変わっているのを見て、どうして変わっているのか、何が押さえるべきファクターなのかというようなことを考えましたので、それを後に申し上げてみようと思います。

3　中山間地集落再編の考察の方法論

一方、日本では農村部、中山間地が疲弊しており、それをどう支えていくかということが、我々が抱えている大きな課題だと思うのです。この集落再編成の問題については、斎藤吉雄先生の大著[1]があります。1979年に出ている600ページを超えるもので、長瀬野の集落移転についても非常に詳細な分析がなされております。今日の私の話はその焼き直しではいけないということで、日本居住福祉学会に属している自分としての独自の方法論で分析してみたいと思います。すなわち、斎藤教授はこの中で、比較的、記述的、生態的、機能的なミクロ分析と、非常に詳細に分析をされております。また、先生にはある種の近代化の図式があって、村落解体、農業近代化・合理化、やはり交通の便を

---

[1]　斎藤吉雄編著・コミュニティ再編成の研究（御茶の水書房、1979）〔新装版、1990〕。

求めて集落を移転してもらった方が効率的だというファクターが大きいという図式で書かれているのかなと思うのです。

しかし、私は、もう少しコミュニティについてポジティブに、あるいはダイナミックに、動きつつある生き物としてのコミュニティをどう再生・活性化していくかを問題にします。つまり、──①規範的・政策論的に、そしてどう動態的に対処していったらいいのかということを考えてみたいのです。②そして、これまで住宅問題というと、プライベートな問題、私的な問題と割り切られてきました。しかしここではそうではなくて、公的なもの私的なものを峻別せず、単に住宅問題・私法問題だとして狭く考えずに、公私ミックスさせて、地方公共団体も含む国家と住宅市場とのかかわり方として、居住問題に対する公共的な法的介入のあり方を考えるということです。公営住宅の話も先ほど出ていました。そして、国家と市場のあり方を考えるわけです。

③さらには、そこにおける中間団体の役割を考える。先ほど、「結い」の伝統があるという話も出ておりました。あるはボランタリー・メカニズムの話も再三出ておりますが、それをマクロに考えて、その中で沢内の問題を位置づけてみたいのです。そうしますと、地方自治の在り方というものに向き合わざるをえません。今、地方自治は市町村合併で激変期を迎えています。それに対して居住福祉の立場からの態度決定が問われているという感じがするわけです。

④また、居住の問題はそれだけで「蛸壺」的に細分化させて考えるべきではないというのが、この居住福祉学会の方法論なのです。すなわち、関連する雇用問題、医療・福祉問題、消費生活の問題、交通の問題などをトータルに見て、コミュニティ再生の在り方を考えるということです。現にアメリカのコミュニティ・エコノミック・ディベロップメント（コミュニティ再生）（community economic development）の数多くある議論[2]を見てみると、みんなこのようにして考えている

---

(2) 詳細は、吉田邦彦「アメリカの居住事情と法介入のあり方（3・完）」民商法雑誌129巻3号（2003）301頁以下（同・多文化時代と所有・居住福祉・補償問題（有斐閣、2006）第2巻に所収）参照。

わけです。住宅問題だけ1コマだけ切り取って、それだけ頑張ろうといっても、その背景問題をほったらかしではどうしようもないというわけです。

4 コミュニティ再編の留意点

（1） 地場産業、雇用創出

それでは次に、コミュニティ再生の留意点というものをお話しします。第1に、地場産業を考え直す。あるいは雇用創出、職業訓練。あるいは藤沢町では積極的には事業誘致しているということも指摘されていました[3]が、その点では、沢内でもリンドウ、ユリの花卉農業の振興をされており、その状況を見せていただきました。岩手県はそのほか室根村という所でもそういう新しい農業の営みといいますか、起業家精神のようなものが見て取れます。そのほか全国的には、徳島の上勝町のツマものといいますか、葉っぱを生産して、東京築地と連携してかなりの収益を上げているというのも似たような例だと思います。そのほか、青森県野辺地町の小カブ、宮城県古川市の大豆など、いろいろな例があります。そういうニッチマーケットといいますか、それまで気づかなかったすき間産業に新たなテリトリーを見いだして、農業の幅を広げていくということです。そして、その際には、経営感覚、マーケティング、コンピューター、あるいは契約技術といったようなものもトータルに備えた新型の農業というものが大事になってくるという感じもします。

（2） 消費・生活施設

2番目に、消費生活施設というコミットで少しお話ししてみます。長瀬野の集落を昨日見せていただきました。今まで分散居住であった世帯が一定の場所に集まって、長瀬野会館があって、その前には広場があって、いろいろ催しがある。このように近隣の人たちが民として交わり合うような機会を居住場所の近くに設定するということは、単

（3） 大久保圭二・希望のケルン――自治の中に自治を求めた藤沢町の軌跡（ぎょうせい、1988）参照。

に雪害対策というレベルだけではなくて、よりポジティブにパブリックスペース、公共空間をどう作っていくかという面で、別の意味があるのかなと思います。

最近、私は都市のデザイン工学の文献も読んでいるのですが、ニューアーバニズム（new urbanism）という運動があります[4]。アメリカは車文化ですから、車を前提とした歯止めないスプロール化現象が進んでいます。それに対して、やはり車よりも人が大事なのだと、歩行者のケアが大事なのだという運動です。また、大駐車場を持つショッピングセンターというイメージではなくて、もっとこじんまりした、歩行者にフレンドリーな小規模店が必要だと。大体、道路というのがパブリックスペースですから、そこを行き交う人に対して表を向けて商店が立ち並ぶというような小規模なまちづくりが必要だという議論があったりするのです。

ショッピングセンター現象というのは日本でも全国いたるところであるわけです。中小規模の都市の近郊に大規模なチェーン店が進出してくる。それによってそれまでの伝統的な商店街がすべてやられてしまい、町の空洞化現象が起こる。沢内の場合はまだそういう問題がないように思いますが、最近は規制緩和の時代ですから、それに伴って居住福祉資源がどんどん切り裂かれていくということについて、公正取引委員会は何も見ていない面があるということは前にも書きました[5]。

（3） 公共交通機関

それから、公共交通機関の見直しということです。つまり、コミュニティのボランタリー・システムを利用した新しいシステムの必要性です。お年寄りのかたで運転できない人も多いようですから、何とか家の中に閉ざされることを回避するような、交通面でのネットワーク

---

[4] See, e. g., Peter Calthorpe, The Next American Metropolis（Princeton Architectural Press, 1993）.
[5] 吉田邦彦「居住法学問題の俯瞰図（3・完）」民事研修551号（2003）10頁（同・前掲書（注2）第1章に所収）参照。

作りです。これに関してスクーターという試みもあるようです。

（4） 居住環境の安定

4番目には、居住環境の安定です。アメリカのコミュニティ再生運動においては、低廉な家屋（affordable housing）を提供するということが必ずセットになっているのです。アフォーダブル・ハウジングというものを提供して、住民に使わせるということが大事なのです。レジュメにイースト・パロアルトの例が書いてあります。アメリカ西海岸、サンフランシスコの南の郊外にスタンフォード大学があるパロアルトという町がありますが、高級住宅街です。パロアルトと国道101号線を隔てて、イースト・パロアルトという町があります。これは一昔前までは、アルコールショップが立ち並ぶ犯罪多発地帯だったわけです。そこで例によりましてコミュニティ再生運動が起き、行政が大きなショッピングモールを次々に作り出します。そうすると、地価が上がって、それまでいた黒人を中心にした住民が全部出ていってしまったということなのです。だから、そこに居た住民が定着していないのです。果たしてそれでいいコミュニティづくりなのかなと。行政の人が非常に親切に私を案内してくださって、みんなこれでいいと思っているのだという説明を受けましたが、私は少し疑問に思ったわけなのです。

（5） 医療・福祉問題

5番目に医療・福祉関連の問題がありますが、これが高齢化社会においては非常に重要なポイントかなと思います。その医療・福祉関連産業を振興していくと。今日も住宅改善で大工さんの話が出ましたが、あれも関連産業です。そのような形で注意深く見ていけば、お年寄りをたくさん抱えるコミュニティでの関連産業起こしという道は閉じていないという感じもするわけです。それに関連して、川上武さんのメディコ・ポリス構想がありますが、高齢者医療福祉に牽連する産業に他なりません。アメリカではメイヨ・クリニックがあるミネソタ州ローチェスターなどは、医療関係の産業だけで成り立っている町で一見の価値があるでしょう。ロサンゼルスでも福祉関連産業ということ

にターゲットを当てて、そのための職業訓練を草の根で働きかけていこうというような動きが、コミュニティ再生運動の一環としてあったりするわけです（カミングス論文参照）[6]。

（6） 教育・保育施設

それから教育・保育施設です。沢内はお年寄りが多いわけですが、若者が定着して、その子供が身近な学校に通えるということを考えますと、これも重要かなと思うわけです。ちなみに、アメリカでは「排他的コミュニティ形成」ということが起こっています。アメリカでは郊外ほど価値があるわけで、そこにゾーニング規制などを通じて、白人の排他的コミュニティができ上がるわけです。その際の核となっているのが、非常に同質的ないい学校、白人ばかりの小学校です。このように、排他的なコミュニティ形成の一環として、教育施設がとらえられていたりするのです。当然、左翼系の学者からは、それが悪循環を生んでいるのだという批判があります[7]。

5　コミュニティ再生の組織問題
　——とくに平成市町村合併の居住福祉上の悪影響

（1） 合併の真の理由と悪影響

ここで組織の問題ということになるわけです。内発的な再生装置をどう作っていくかと。これがやはあり日米の大きな開きかなと思うわけです。幸い沢内の場合は、この斎藤先生の本にも書いてありましたが、長瀬野地区にはリーダーシップに優れた面があると。結いの伝統や協働の精神という話も出ておりますので、そういうものを梃子とする。私は、このような中間団体組織が今後大きな意味を持ってくるのではないかと思います。

---

(6) Scott Cummings, Community Economic Development as Progressive Politics : Towards a Grassroots Movement for Economic Justice, 54 Stanford Law Review 399, at 480 ～ (2001) 参照。

(7) E. g., Charles M. Haar, Suburbs under Siege : Race, Space, and Audacious Judges (Princeton U. P., 1996).

最後に市町村合併についてお話ししておきます。これは私が冒頭でお話しした所有論の問題とかかわってくるわけです。日本で昨今、非常に驚くべき形で、全国いたるところに市町村合併の動きがあるわけですが、私は何がこの合併の目的なのかということで、関連文書などを読んだりしています。財政基盤の充実を図るのだという一般論は分からなくもありませんが、3番め、4番めあたりにコスト減らし、効率化という理由づけが出てくるわけです。私は、実はこの辺のところが第1の理由ではないかと思うのです。

　その副作用については皆さんも重々考えておられることだと思います。地域基盤の拡充が目的だというわけですが、他方で住民と地方自治体との距離が遠くなることによって、分権的な地方自治の芽が摘まれてしまうのではないかという危惧が出てくるわけです。例えば新潟県の巻町は進歩的な原発反対の町ということで知られていますが、そういう進取の精神というものも合併によって変わっていくのではないかという危惧もあります。

　インターネットで沢内の市町村合併をめぐる資料なども読ませていただきましたが、除雪の状況も湯田町と沢内の状況は違う。あるいはまたコミュニティの性格が工業型か農村型という違いもある。そういう自治体の個性が希薄になっていきはしないかと思います。また、先ほど学校の話をしましたが、効率性を追求すれば、生徒数が少ないところは廃校にという話にすぐなるわけです。バスで通わせればいいではないかと。だから、住所等はすごく離れた所になる。そうすると結局、広域行政でユニットを大きくすれば、その中の住民は便宜性を求めて都市部に行かざるをえないということになり、過疎化を促進させていうことになりはしないのかと。それでいいのかなと。もちろん、水を差すつもりはありません。湯田町と沢内の場合は前から合併問題があったようですので、日本全国のいろいろ問題がある例とは違う面があるかと思います。

　さらに第3として、中央のやり方としてはどんどんやれと。合併するのだったら優遇措置を執りますということなのです。しかしその先

が問題です。これは規制緩和とある種通じるところもあると思うのです。先ほどの市場と政府の役割の分布の構造なのですが、政府が手を引くということになりますと、遠い将来、こうした地方を切り捨てるということになっていくのではないかという感じがするわけです。

（2） 地方交付税の意義の再検討の必要性――中山間地の所有論との関係

よく地域分権・地方分権でという枕言葉で言われますが、これまで補助金行政といいますか、交付税というのが非常に大きなメリットがあったと思うのです。小泉政権は補助金をどんどん削減しようという方向を出しているわけですから、補助金のポジティブな価値を我々が考えて、地方交付税・補助金削減に対抗する論理を示していかなければいけないと思います。それはなぜか。地域間の格差といいますか、年齢の格差、資産分布の点、また分配的正義の観点からしても、地方交付税等の補助金による再分配というものが地方には不可欠なのです。ちなみに、1999年の新農業基本法35条を見ると、中山間地の住民に対して所得保障という新しい制度が導入されています。これは木村尚三郎先生が座長をされて、農業、中山間地の公共性ということからして、何らかの補助政策を行う必要があるのだと、原理的に詰めておられるわけです。しかし、現在の規制緩和的な補助金減らしの動きは、それとちぐはぐな動きとして出てきているわけです。そして、その対流として、合併特例債をもらえるかどうかというえさで地方が操られ、その予算規模が25億になるか45億になるかという状況があります。つまり、背に腹は代えられない状況で補助金が使われて、どうしようもなく各地方都市が苦しんでいる状況があるのです。

このように合併に向けての操縦のために補助金をばらまくということは、ある種スキャンダルだったはずなのです。それは、補助金がどうして必要なのかという論理が詰められていないから、そういうことになるわけです。中山間地の市場価値に還元されないような価値、すなわち、環境保全的な価値、文化継承的な価値、情緒的な価値、人間形成的な価値を踏まえると、マクロ的に財産所有の再分配施策が認め

られるわけです。地方分権ということで市場主義に行かなければいけないというレトリックに乗ってしまう前に、我々はこのようなことを考えなければいけないと思います。

　日本の政治では、「地元の面倒を見る」というのが伝統的な政治スタイルなのです。確かに、利益誘導的な政治が土建国家的な体質と結びついて、マイナス面があったことは確かです。しかし、そのプラスの面、地元の面倒を見るという現代社会正義、理論的な意義ということを考え直していかなければいけないと私は思うのです。地方分権を枕言葉に市場原理にゆだねる一種の規制緩和と同様の施策は、日本的な文化的・福祉的なネットワークを断ち切っていくことにもなりかねません。これはある種、中央集権主義なのです。そのあと規制緩和で、地方分権が切り裂かれていくということになりはしないかと危惧します。

　アジアの隣国にも視野を広げてみますと、中国でも農村問題というのは大問題なのです。中国では全世界の中で例外的に、都市と農村を人が自由に行き来できないシステムを持っています。地方に居る農村民がずっと都会に住むことはできないのです。しかし、アジア各国での都市部の人口は、先進諸国と比べると人口密度が高いのです。このままほうっておくとどんどんまた都市部に人口が集まっていくと、エコロジカル、環境面からしましても大きな問題が出てくるということなのです。以上です。御静聴ありがとうございました。

（2003年7月20日　岩手県沢内村（現西和賀町）にて開催）

第3章　居住福祉という発想
──地方都市中心市街地再生との関連で

早川和男

はじめに

　私はこの数年間、"鳥取県漬け"になっていまして、4年ほど前に、スタートした日本居住福祉学会の第1回のフォーラムを鳥取でやらせていただきました。ちょうど西部地震の後で、住宅再建に補助金を出された片山知事に記念講演をお願いしました。知事は、人が住まなくなれば地域が崩壊する。住宅再建援助こそが最大の公共事業であると話されまして、私どもは非常に感銘を受けたわけであります。

　また、この米子には今日で実は5度目です。田園だとか笑い庵とか訪ねさせていただきました。それから、私は、最近全国の地蔵を訪ねる旅をやっています。米子には川沿いにたくさんの地蔵さんが並んでるということを聞きまして、ボランティアガイドの方に2回にわたって、非常に懇切に案内していただきました。

　それから2005年2月には、三朝温泉で日本福祉大学の居住福祉人材養成講座というのを開かせていただき、それから、これはプライベートなことになりますが、三朝温泉の岡山大学三朝温泉療養センターに、私の家族が10日間ほど入院させていただきました。これ話し出したら切りがないんですが、私の親友が鳥取県人会の関西支部長をやったりしていまして、この数年間は鳥取が私の第2のふるさとみたいになっています。今日もこういう機会を与えていただきまして、ふるさとに帰ったような気持ちで、うれしく思っている次第です。

　今日は、"まちなおし"というテーマですが、昨日ちょっと早目に米子に参りまして、まちをずっと歩きました。そうしますと、元町サンロードという通りが本当に閑散としておりまして、胸が痛みました。初め、元気サンロードと読めて、これ閑散としてるけど、元気を出し

てもらうために元気サンロードって名前つけられたんだなと思って、もう一遍よく見ると元町になっていまして、商店街の衰退は本当に大きな課題だと思います。

1　現代の課題——安心して生きられる社会をつくる

さて、本題に入ります。初めに、一体私たちはどういう社会をこれからつくろうとしているのか、何に価値を置いて努力していくのか、何を実現することが大切なのかということを私は一人の研究者として常に考えるわけです。現在の日本社会の課題は、安心して生きられる社会をつくるということが最大の実現すべき価値だと思います。ちょっと周りを見回してみても、自殺が増えています。毎年3万人以上ですね。ホームレスの人もどんどん増えています。所得格差が広がっているという指摘もあります。それに加えて、老後不安です。この数日間の国会論議見ても、年金を減らす、医療費も自己負担を増やす。若者はニートとか言われて、職業につけない、失業状態です。あるいは働く意欲がなくなっている。そして、米子はどうか知りませんが、東京などに行きますと、未だに地上げ屋が活躍していまして、強制退去が盛んに行われています。そして、まちの衰退です。ひどい世相になってきてると思いますね。それに加えて、私が今一番実は心を痛めているというか、関心事は子供の問題です。子供の精神的荒廃のひどさは、ちょっと日本の歴史上なかったんじゃないでしょうか。登校拒否、いじめ、校内・家庭内暴力にとどまっている間はまだしも、最近は殺人です。友達や親を殺す、先生を殺す。これは尋常ならざる事態だというふうに私は思います。

異常現象ということが言われます。真冬にナスビの花が咲いたとか、一晩中カラスが鳴き続けたとか、ただならぬ状況が起こってる。もう一つは、これは世界にも共通するのですが、地球温暖化です。10月も末だというのに、昼間は夏の暑さですね。台風やハリケーンも地球温暖化と関係があると指摘がされています。

今一番求められているのは、そういう子どもの心の荒廃などの異常

現象に象徴される不安社会を克服して、誰もが安心して人間らしく生きられる社会をつくるということだろうと思います。

今日のテーマは"まちなおし"ですが、私は、"まちなおし"と同時に、世直しといいますか、平成の世直しということも視野に入れながら"まちなおし"を考えていく必要があるんではないか。そういう視点も踏まえながらお話しさせていただきます。

(1) 暮らしを支える二つの要素

テーマになっている「居住福祉」というのはちょっと聞きなれない、見なれない言葉かと思います。どういう考え方かというと、別に難しいことではありません。私どもの暮らしは、一口に衣食住によって成り立っていると言われますが、衣食と住には基本的な違いがあります。何が違うかと問われたら、皆さんはどういうふうにお答えになるでしょうか。衣食は消費なんですね。まず、食べものは体を養う。血となり肉となり、直接生命を支えます。衣類は、食物のように消費するわけではありませんが、一種の消費財、個人的消費財ですね。それから衣食は医職といわれることがありますが、食べたり着たり、病気になって保険医療、収入がなくなった場合の社会保障、高齢者への福祉サービス、こういうものは、すべて広い意味での個人的消費で、その都度消えていくものです。

それに対して、住の方はストックですね。サービスはフローですが、ストックは住宅やまちやむらや環境で、その存在自体が雨風をしのぎ、暑さ寒さ、外的を防ぎ、生命や暮らしや生きることを支えるということです。衣食住のどちらが大事かと言われたら、それはみんな大事です。食べものがなければ餓死するし、衣類がなければ凍え死にますね。

しかし、現在の日本社会を見ますと、衣食に関しては、暖衣飽食です。一方、住居やまちやむらがどうなってるかというと、これはこれからお話ししていきますように、さまざまの問題を抱え、大変な状態です。21世紀というのは、そういうストックによる安心できる社会が必要で、それを私は「居住福祉社会」と呼んでるのです。それを構築していかないといけない。そして、住居やまちやむら、環境自体が

福祉を支える、生活を支えるという社会にしていかないといけない。病気になる前に病気にならないような環境、寝たきりになる前に寝たきりにならない住居やまち、そういうものが一旦できますと、新たな投資なしに子孫に引き継がれていく。そういうことを私は「居住福祉」の一つとして考えているわけです。

（2） 居住環境ストック（住居やまち）の役割

今の話をもう少し具体的に見ていきます。居住環境ストックや住居やまち、どういう役割を具体的に果たしているかということです。1つは、生命と健康を守ることです。テレビなんかで、イラク、アフガンなどで、とぼとぼと路上を歩く難民の人たちを見ると、本当に悲惨ですね。ぼろをまとい、やつれ、いろんな病気を抱えて歩いている。この人たちもどこで健康を回復するのかというと、結局はキャンプに着いてからですね。キャンプに着いて初めて医療も食事もできる。また、ホームレスの人たちは悲惨ですね。私はよく引用するんですが、時代劇の水戸黄門のグループは年中旅してるわけです。いつも旅していて、山の中に迷い込んで、明かりを頼りに一軒家を見つけて一夜の宿を求めますね。どんなごちそうであろうと、寒い山の中では楽しくも何にもない。宿に着いて、おふろに入って、それから食事をして元気を取り戻す。路上で暮らすというのは悲惨なものだと思います。

阪神大震災では6,500人ほどが亡くなっていますが、10数秒間の地震で直接亡くなった方は5,500人ほどで、その88％は家の倒壊による圧死です。10％の焼死も、どこからか火が押し寄せてきても、逃げたらよいわけですが、足がはりの下敷きになって逃げられない。阪神大震災は「住宅災害」です。住宅は生命を守る最も基本的な基盤です。

それから、最近感動したことですが、大阪に釜ヶ崎という日雇い労働者のまち、ドヤ街があります。最近はドヤ街という言葉は使ったらいけないそうで、簡易宿泊所というんですが、今不景気で3万人ぐらいの人がいる。この宿を経営するオーナーが6人集まり、これを賃貸アパートに変えます。御承知のように、生活保護は住所が決まらないとくれない。それで、まず、賃貸アパートに改造して、野宿者に入っ

てもらう。そして、市役所に申請する。そういう人が今600人ほどおられます。この前その野宿者と話したんです。そうしたら、ここに入って夜眠れるようになりましたと。野宿していると、夜は棒でたたかれたり、危害を加えられる可能性がある。だから、昼寝て、夜起きてるんですと。私は、住居のことをずっとやってきましたけど、住居というものが、命を守る基本であるということ、改めて目からうろこが落ちるように感じました。また、住居を得ることで、この人たちはどうなったかといいますと、14万円ほど生活保護費をもらって、4万円を家賃に払い、暮らしはできるわけですね。そうすると、ボランティアを始められたんですね。デイサービスのバスの清掃とか公園の掃除とか、イベントの後片づけする。NPOの会長が言ってましたけど、この人たちは昔は公園を汚して回った人たちだが、今は片づけて回っている。人間復興です。自分が生きる本拠地である住居を得るということがいかに大事かということです。

　命を守り、生きる意欲を起こさせるというだけでなしに、日々の健康も住居と関係があります。生活習慣病ということがいわれて、たばこを吸うな、動物性脂肪をとるな、運動せよとか、いろいろ言われ、そういうことも必要だろうと思いますが、同時に、住居が病気を引き起こしている、負傷者を増やしているということについて、あまり関心が持たれていないと思います。

　例えば、家庭内事故という家の中で階段から落ちたり、段差につまずいたり、床で滑ったりして亡くなっている人が毎年1万人以上おられます。交通事故が1万3,000人ぐらいですが、65歳以上の人たちには家庭内事故の方が圧倒的に多いんですね。そしてこれは推計値ですが、100万人以上の人が骨折されています。寝たきり老人になる原因の1位は脳卒中とか脳梗塞。2位が老衰。3位が家庭内事故なんです。ですから、バリアフリーに、政府や自治体は一生懸命取り組んでいるのは御承知のとおりですが、最も安全で安心すべき場で、居場所である住居が安心できなくなっています。

　それから、住環境が病気を起こしています。一つの事例を引きます

と、長田のある病院長がいつも来る70歳のおばあちゃんが、震災後久しぶりに病院にやってきたそうです。この人は高血圧と慢性気管支炎、そのほかいろいろ病気があったらしいんですが、すっかり元気になっているんですね。震災で周りの家が壊れて、自分の家が残って、日当たり、風通しがよくなって、元気になったそうですが、居住環境というのは健康に非常に大きな役割を果たしているわけですね。

公衆衛生ということが最近あまり強調されなくなっています。住宅政策というのは、もともと19世紀の英国の産業革命で、地方の農民が労働者として都市に集まってきて、過密居住の状態になって、伝染病が発生したことで、住宅政策とか都市計画が始まるわけです。住宅政策とか都市計画というのは、今でいう都市工学者がやるんでなしに、医者や公衆衛生の学者が始めたんです。それがずっと世界に広がり、日本の住宅政策も昭和20年までは厚生省が所管していました。生命と健康を守る基盤は居住環境という認識ですね。

2番目に、福祉の基礎ということです。人生というのは、生まれてから生涯を終えるまで、絶えず自己発達を遂げながら、生まれてきてよかったと思えるような生涯を送ることが理想だと思うんですね。しかし、長い人生にはいろんな事故が起こります。失業したり、けがや病気、障害を持つ、高齢で働けなくなる。そういうときに、社会保障とか、医療保険とか、老齢年金とか、いろんな所得保障、また老人ホームなどの施設、ヘルパーさんやお医者さんがケアする。しかしながら、住宅や生活環境がしっかりとしていなければ、福祉というものは成立しない。こういう趣旨であります。今、ゴールドプランとか、介護保険で、政府は在宅福祉を目指しています。住みなれたまちと家で住み続けるというノーマライゼーションの思想は私も同感で、世界的な認識になっています。しかし、今のような住居の状態では、在宅福祉はとても無理ですね。阪神大震災で亡くなった方は、60歳以上の方が50%。70歳以上が30%です。「高齢者住宅災害」ですね。この方々は、年金で安い老朽化した家賃の家にしか住めなかった。障害者、低所得者、在日外国人、そういう人たちの被害も大きかった。生活保

第3章 居住福祉という発想

住居は福祉の基礎

出産　失業　傷病　障害　高齢

出産・児童手当／雇用保険／労働災害保険／医療保険／
出産・育児休暇／母子年金／障害年金／遺族年金／老齢年金
保父母／保健婦／医師／看護婦／生活保護／
保育所／養護施設／理学療法士・作業療法士／介護休暇
保健所／診療所・病院／障害(児)者施設／ヘルパー／ソーシャルワーカー／
リハビリテーションセンター／デイサービスセンター／移送サービス
老人保健施設／老人ホーム

生活環境

住宅

図表　早川和男『居住福祉』（岩波新書）

護世帯は一般市民の5倍です。今のような住宅事情のもとで在宅福祉と言われても無理ですね。米子、鳥取のような割合大きなうちに住んでいる方はいいかもしれませんが、東京や大阪の大都市ではなかなか難しいという気がいたします。ちゃんとした住宅に住めれば、社会的

入院もなくなるし、社会的費用も少なくてすみます。

3番目は、安定した居住地に住み続けるということは、見えない福祉資源です。コミュニティーというのは、長く住み続けることがなければできないです。転々と移動しておれば無理ですね。親しい隣人、体のことをよく知ってくれているお医者さん、お店、見なれた風景、それから、いつも聞こえる音、風向き、光線、におい、こういうものが精神や暮らしを安定させるんですね。安定した居住によるコミュニティーがそれを実現する。

私の母親は転居して半年目に亡くなったんですが、高齢になってからの転居は精神科医は引っ越しうつ病と名前をつけておられますが、非常に大きなショックを与えるんですね。老人だけではありませんで、子供も転居というのは、この前、長崎でしたか、転居ばかりしてると言って親を殺傷した事件がありました。地域密着型生活様式と私は呼んでいますが、非常に弊害が大きいわけです。だから、国際機関でも強制退去してはいけないということを高々と掲げているわけです。

阪神大震災では仮設住宅で孤独死が252人。中には自殺も含まれています。ポートアイランドという人工島とか六甲山の山の奥に仮設住宅がたくさんできたわけです。住みなれた土地を離れて、そこに住まわされた。知ってる人はいないし、誰も助けてくれないですね。風景は変わるしですね。それだけでなしに、その後、仮設住宅の周りに高層の復興公営住宅というのがたくさんできたのです。ここで、また400人近くが亡くなっているんです。まだ続いてるんですよね。自殺とか。これはこの住居というものがどういう存在であるかということについての行政の認識が非常に薄いと私は思います。

さらに、引っ越ししなくても、急激な環境変化は引っ越しと同じ影響がある。以前、加藤正明さんという国立精神衛生研究所の所長と対談したときにおっしゃっていたんですが、周辺の環境が変わると引っ越しと同じ効果が起こる。だから、町並みは安定させないといけない。急激な変化はいけないと。ヨーロッパは確かにそういうふうな考え方に基づいて、再開発もやらない、町並みを保全するということに全力

をあげております。ドイツやイギリス、ヨーロッパは石造が多く、しっかりしていますから、修復できていくんですね。日本は木造が多いから、そう簡単にいかない面もありますが、なるべく住宅地の再開発をやらない。町並み保全をどういう方法でやっていくか、それが福祉の基盤をつくるんだと。今日のテーマに関係する課題ですね。

それから、4番目には、子供の精神の荒廃の防止。これも居住環境が非常に影響があるというふうに私は考えています。この前、映画監督の山田洋次さんに、一度住居の問題をテーマに映画つくってくださいよと言ったら、いや、私はいつもそういうことを頭に置いてるんですよと言われるんですね。寅さんは葛飾柴又のだんご屋にいて、おいちゃんやおばちゃんやさくらとかいて、みんなわあわあ言いながら暮らしている。隣の町工場のタコ社長とか御前様とか、寄ってたかっていろんな人が寅みたいなはぐれ者を怒ったりなだめたりしながら暮らしてる。これがああいうはぐれ者であるけど善良な人間を形成したんだ。息子という映画にしても、山形の村に1人住む三國連太郎が長男を頼って東京へ出てくる。3日とおれず、また元へ帰っていくわけです。住みなれた村に一人であろうと農業やりながら生きるということが彼の生き甲斐で、都会の息子のマンションの6畳一間にいたんでは暮らせない。三國さんの演技がうまくて、公園でぽつねんと座ってるんですね。あれはもうほっといたら、すぐ一種の孤独死ですね。そういうことを絶えず頭に置いてるんですと言われていました。

さて、お年寄りのノーマライゼーションというものが大事だと言われますが、私は子供にとってもノーマライゼーションも大事じゃないかということを前から考えています。以前にある保母さんは、こういう話をされたのです。園児を連れてまちを歩いていると、1人のみすぼらしい身なりのおばあさんが道端にうずくまっている。1人の園児は、うわっ、おばけがいると言って指さした。もう1人の子は、あ、うちのおばあちゃんと同じような髪している、少し長いけどと言いながらそばへ寄って、どうしたのと声かけて、話し込んだ。私は、戦後の住宅地づくりといいますか、ニュータウンもそうですが、大きな欠

陥は、ある種の階層だけが住む、身の周りに老人や障害者や病人やという人がいない。まして、死者と向き合うことがない。そういういわゆる老病死者がいないということが子供の優しい心を育てられなくなっているんではないかというふうに考えてきたわけです。そうしていますと、聖路加病院の日野原重明先生が同じことを言ってまして、子供の感性の衰退が私の今の非常に最大関心事である。ではどうすればよいのか。身の周りに病人がいたら見舞いに行きなさい。死んだ人がいたら、子供を連れてお葬式に連れていきなさいと。私もそう思います。人間は年をとれば病気になり、老人になり、最後は死ぬ。こういうことを見せることが人間らしい心を育てるんだというふうに私は思います。

そういうふうに、いろんな人と一緒に住むことが、子供の心を優しくするかぎだと思うのですが、現在は子供の問題については、家庭教育とか学校教育とかが審議会なんかでも議論されていますが、そのまちや環境が子供の心を育てるという認識はないですね。

その他いろいろありますが、そういうハード、ソフトの居住環境ストックをどういう形でつくるかということが命や健康や福祉、心の育ち方の問題まで影響を与えている。これが私の居住福祉というものの概要なわけです。

2　中心市街地再生の課題

次に、今のような一般論を踏まえまして、今回のフォーラムのテーマについてちょっと触れてみたいと思います。

（1）　江戸時代の町屋

先ほどの水戸黄門とか、銭形平次とかには、長屋がよく出てきます。そこに、大勢住んでいますね。江戸時代の町屋というのは、大通りがあり、その裏に長屋があるわけです。その表通りにはどんな店が並んでいるかというと、米屋、八百屋、魚屋、これは産地直売ですね。古着屋、瀬戸物屋、髪結い床、本屋、つじかご、芝居小屋、寺子屋、お寺や神社、いろいろあります。それがみんな繁栄してるわけですね。

辻駕籠（つじかご）屋って、今でいえばタクシーでしょう。その一歩横に木戸があり、裏通りというのがあります。そこは非常に高密度の居住地になっています。裏長屋ですね。間口9尺、奥行き2間、4畳半一間ですね、それがずらっと並んで、ぎっしりそこに住んでいるわけです。奥行き3間とかには、大家も一緒に住んでいます。その奥にはちょっとした広場とか、トイレ、物干し、共同便所、子供の遊び場、お稲荷さんがあって、おばあちゃんがお参りしています。この広場はいわゆるグループホームとかコレクティブハウジングのコモンルームですね。そこに商人、職人、浪人、野菜や魚の行商人とか手紙の運び屋、郵便屋、奉公人とか三味線の師匠とか尺八指南とか大道芸人とか。小林一茶なんかもそこに住んでいたわけですね。江戸のまちは、武士が多かったわけですが、町人が50万人いた。そのうち40万人はこういう裏だなの住人なんです。

　言おうとしていることは、表どおりの繁栄は、すぐ後ろにたくさんの人が住んでいたこと。これが江戸のまちの繁栄をもたらしたのでは、と私は考えています。現在に置きかえてみますと、全国どこでも、商店街の再生、活性化というものに最大の関心事があるわけですが、1つは、やはり当時の表通りというのは単に物を売るだけではありませんで、芝居小屋から寺子屋まであらゆる業種が存在し、生活文化がそこで繰り広げられたわけですね。

（2）　現代と江戸の「中心市街地」「商店街」の性格の相違と再生の課題

　現代社会の商店街というのは、近代的な商品の流通が中心になっていまして、物を売り買いする。これはもう一度、私が言うところの総合的生活居住福祉空間という視点にたって見直し、再生していくということが一つの課題ではなかろうかというふうに思うわけです。

　第2に、その大きな柱が人が住むということなんですね。人が住まなければいろんな努力もなかなか実らないですね。先ほど言いましたけれども、きのう元気ロードじゃなしに元町サンロード歩いて、どんな店があるのかメモしていったんですよ。これはすごいですね、洋品、

呉服、花、焼き物、なべかま、菓子、文房具、家具、漆器、薬局、コーヒー、飲み屋、小料理、お茶屋、仏具店、果物、野菜、写真館、かばん、靴、自転車、布団、古本、整体治療、獣医、コンサル、印鑑、塾、今言った江戸の大通りどころじゃないですよ。生活文化の結晶ですね。昔はこのサンロードというのは栄えたんでしょうね、きっと。そこに子育て支援センターとか、子育て広場、小規模共同作業所、れいるろおど館とか、いろいろ工夫してやっとられるわけです。だけど、これはなかなか追いつかないですね。東京の足立区に関原という何キロにもわたる商店街があるのですが、これはまたすさまじいですね、ほとんどシャッターがおりてます。地元の方々は空き店舗を利用して、一生懸命に子育て支援センターとか学童保育とか、ミニデイサービスとか一生懸命やっておられるのですが、戻らないですね。これは江戸のまちと同じように、後ろに住宅がたくさんないと繁栄が戻ってこないと思うんです。近くに何か職場ができ、昼間人口が増えれば、一定の役割があるという考え方もありますが、やはり人が住まないといけないですね。だから、居住空間の再生ということ、つまり中心市街地にもっと人が住めるようにしていくこと。これが商店街の再生であり、まちの再生であり、それから、先ほど来お話ししておりますのはいろんな人が一緒に住むこと。子供から老人から一緒に住んで心を養う。お年寄りたちも孫というのは本当にかわいいらしい、他人の孫でもいいわけです。アメリカでは、若者と老人は一緒に住むべきだということ盛んに主張しております。自分の家に子供がいなくてもいい、周りにおればいいんだということを言っていますが、そういう居住地をどう復興していくか。

　私は前から考えているんですが、お年寄りは古い家の維持管理が大変です。米子はわかりませんが、大阪、東京などはデベロッパーがやってきて、維持管理に困っているお年寄りの所有する木造アパートなどを買い取って、住民を立ち退かせて、そこにマンションつくると。そういう再開発がどんどん進んでいるわけですが、それは住民を立ち退かせて、新しい人が入ってくるわけですね、しかも高い値段の。そ

うではなしに、維持が困っておられるお年寄りの土地を自治体が借り上げて、ミニ公営住宅を建てる。民間住宅を建てて借り上げてもいいわけです、4戸でも5戸でも10戸でもいいのですが、そういうものを次々につくっていく。家賃補助もするとかいうことが一つのアイデアですね。

また、阪神大震災は直下型地震でがたがたと戸建て住宅が崩れた。今度は来るといわれる南海大地震、長波ですね。長波というのは遠方まで来る。米子だってわかりません。そういうときに、やはり商店街の建物はそう必ずしも丈夫でないのではないかな、老朽家屋が多いのではないかなという気がします。ただ、棟が寄せ合っていますから、お互いに全体で支え合っているのかもしれませんね。山本周五郎の小説に、貧乏人はお互いに支え合わないと生きていけないね、という言葉がでてきますが、民家もそうですね、古い家もずっと支え合っていれば何とか倒れないでいけるのかもしれませんが、まちの中に住めるように、ミニ開発のコンクリートでも木造でもいいのですが、しっかりしたものを次々と増やしていけば地震対策になり、防災につながる。防災対策というのは、道路を広げたり、消防力を増やすということももちろん必要かもしれませんが、住宅が倒れないようにする。それと、住人を増やすことで、まちの活性化、商店街の再生、こういうものを一体化していかないといけないというふうな気がするのですね。

それから、もう一つ阪神の地震直後は学校の講堂や体育館に大勢逃げ込んだのですが、そこで900人以上亡くなるのです。皆さん御承知でしょうか。寒い、真冬の講堂です。暖房してはいけないと行政はいうんですね。薄い毛布、布団1枚です。多くの人が風邪をひき、肺炎になって、全国からお医者さんと看護婦さんが集まって、注射したりしてくださったのですが、追いつかないですね。ところが、一部のお年寄りは老人ホームなどに収容されたわけです。そこには、寮母さんや栄養士さんがおられ、塩だらけのおにぎりは粥にして、食べさせてもらえた。布団もあります。全員命が助かったんです。考えてみますと、もともと老人ホームというのは心身の弱ったお年寄りの健康を支

える施設ですね。命を守るというのはその延長線上にあったわけです。ところが、神戸市は12の政令指定都市の中で老人ホームが要介護老人比で一番少なかったんですね。しかも、ほとんどは六甲山の山の中にあって、救えなかったんですね。ですから、老人ホームというのは日常的にはお年寄りの命を守り、暮らしを支える施設ですが、いざというときには、防災施設といいますか、救済施設になるわけですね。つまり、日常的に、市民の安全や福祉に力を注いでいることの延長線上に防災がある。先ほど話しました、古い家でなしに、健康的な住宅、周りに環境がいい住宅は地震に対して安全ですが、同時に、日常的に健康を維持する。ですから、住宅をよくする、日々の生活をよくする、健康を守る、それが防災にも役立つ、そして、人が住んで、市街地が活性化する。まちが息を吹き返すと。そういうふうに防災も広く、総合的に考えないといけないと思うんですね。防災対策は防災対策課だけの仕事でないわけです。福祉は福祉だけというのでなしに、近代医学に対して東洋医学といいますか、総合的にまちなおしに取り組んでいくということが必要と考えます。だから、先ほど言いましたミニ公営住宅を建てる、託老所もつくるし、民間でも建てたのを借り上げるとか。また、まちの中には映画館や音楽ホールなどなど文化がたくさんあります。新鮮で安い市場がある。そういうものをそこに住んだ人が享受できれば、町の中で文化生活が楽しめる。そういう商店街の活性化というのは広く考えないといけない。

　もう一つは、私は最近、居住福祉資源発見の旅というのをやっています。居住福祉というのは制度によるデイサービスとか老人ホームとかヘルパーさんとか、そういう公的制度によるものだけでなしに、お寺とか地蔵さんとか、銭湯をデイサービスに変えたりしてる。山陰の八橋駅は無人駅がふれあいセンターになっているのですね。お年寄りはただ来て、おしゃべりして帰られる。家が近いから食事は家でやってまた来る。私はこれで5度ぐらい寄せてもらってるんです。92歳の米田節子さんは、私に何の興味があってこんなところへたびたび来られるんですかと、鳥取弁で何か言われるんです。こういう無人駅と、

廃線になって駅が残っている、こういうものを地域の福祉に活用しているというのは全国にいっぱいあるわけです。これをやはり居住福祉資源として評価し、再生していくということが、制度による福祉以外に必要だというふうに考えて、あちこち見て回っているわけです。

　トイレもその一つですね。先ほど吉野さんが紹介されていた"とげ抜き地蔵"というのが東京の巣鴨にありますが、少ない日で2万人、多い日で15万人の参詣者がある。それだけの人のトイレをどうするか。トイレビルが高岩寺の後ろにあります。そこに並んでおられますが、とても2万人、10万人に間に合わないでしょう。そうすると、巣鴨の商店街には190のお店があるのです。そのうち6割は自由にトイレを使わせてくださるんですね。お年寄りが外へ出る障害としてバリアフリーのことが言われますが、それももちろん大事ですが、トイレのないことがお年寄りの外出を阻んでいる大きな原因だと思います。

　秋田県の鷹巣町という福祉で有名な町の中に公共トイレが一切なかったんですね。だから、老人ホームのデイサービスのバスも出られないんですよ、トイレがないから。よそのまち行ったんです、遊びに。それから、デイサービス、まちの今は、お辞めになりましたが、岩川前町長が地元の青年団と一緒に元気ワールドという大きな休息室みたいなのをつくって、そこに車いす、子供も使える、ベビーベッドもあるような大きなトイレをつくられたのです。それ以来、障害者やお年寄りの外出が増えたそうです。僕はすべての郵便局、交番所、駅にトイレをつくれと言っているのですが、岡山県には306の交番・駐在所があるのですが、そのうちの71カ所では市民が自由に使えるトイレができています、と言われて、この前見に行ってきたんですが、こういうことも外出を支えるわけで、一種の居住福祉資源なんですね。そういうふうにまちの構成要素をすべて福祉資源の視点で見直していくということが必要だろうというふうに思っております。だから、田園の通りには自由に使わせてもらえるトイレがあるんですかね。もしなかったらすぐつくっていただいて。田園自身にあるのかしれませんが。それから、とげぬき地蔵にはたくさんの休憩のできるベンチがあります。

松江の天神通り商店街にはバス停に面して、広い休憩所があるんですね。バスを待ってる間にお茶も出していただける。お年寄りが2人ずつ交代で接待されているんです。バスに乗らなくても、ここで長い時間ボランティアの人とおしゃべりしたりできるわけです。また、高層通りに天神さんがあって、ミニチュアの像をつくって以来、お年寄りの外出が増えたそうです。

　そういうふうに、この福祉というものは既存の概念だけではなしに、いろんな工夫によって可能になってくるんではないかというのが私の最近のテーマなんです。

　最後に、昨日ちょっと話が出てたんですが、そうは言うけど、シャッターが閉まっているお店はなかなか貸してくれない、貸さなくても食べていけるという話があったんですが、それはやっぱりいろいろ工夫も要るんではないでしょうか。例えば、北海道の伊達市というところに知的障害者の大きな施設があります。御承知のように、脱施設ということが最近強調されていまして、施設の中に住むのでなしに、まちの中で暮らしたいということで、民家を借り上げて、大勢の人が借り上げて住んでおられるんです。すぐ気がつくことは、家賃が払えなかったらどうするんだと。それは、北海道庁と伊達市が保証してるんですね。皆さんは、年金とかいろいろもらわれて、収入があって家賃払われるんですが、行政の保証があるので、家主も安心して貸してくださるわけですね。そういう行政の協力もいろいろあると思います。そういう協力の仕方ですね。商店街の空き店舗、さまざまな地元の人たちがこういうふうに使いたいと言ってこられたときに、それでは米子市が保証しましょう、鳥取県が保証しましょう、知恵も出しましょう、というのがあれば、随分貸してくださる方もあるんではないかというふうに思います。

　そのほかお話ししたいこともありますが、時間も参りましたので、これで終わらせていただきます。とりあえず、ともかくこうして米子の皆さんがまちなおし、私に言わせれば、平成世直しフォーラムとして取り組まれることを期待をしまして、話を終わらせていただきます。

第4章 ケーススタディ（その1）：
岩手県沢内村（現西和賀町）の場合
——プライマリ・ケア「沢内方式」の実績は生かされるか

金 持 伸 子

1　はじめに

　日本居住福祉学会では、2003年7月中旬、第7回の研究集会を岩手県和賀郡沢内村（現西和賀町）で開催した。沢内村は奥羽山脈のほぼ真中に位置し、秋田県との県境に接する標高250メートルから400メートルのところにある人口約4,000人の山村である。

　研究集会開催のねらいは、「豪雪」「貧困」「多病・多死」の悪条件を克服して、21世紀に至る半世紀近くを、「生命尊重行政」によって、村民生活の飛躍的改善を達成した実績を学び、さらに経済の低迷・福祉切捨ての中で、次の時代に如何に立ち向かおうとしているかを、現地の人々との交流を通して明らかにすることにあった。

　2泊3日の研究集会は、これまでの机上の知識をぐっと前へ進める機会となった。しかし故深沢晟雄（1905～1965）村長をはじめ「生命尊重行政」の基礎を切り拓き、村民の生活改善を目指してたゆまざる努力を惜しまなかった人々の情熱と叡智の源泉や、それを今日へと半世紀ちかく受け継ぎ発展させた村民の原動力の根源が何であったかを、つかみきれるものではなかった。筆者はそれ以後、過疎化が進行しているとはいえ、廃屋ひとつ見つけることの難しい緑あふれる自然に半ば魅せられて、何度か足を沢内へと運ぶことになるのだが、それはまた、とくに全国の中山間地域が、なべて平成の大合併の大波にあらわれた時期でもある。

　沢内村も隣接する湯田町と2005年11月に合併して、岩手県和賀郡

西和賀町となった。本稿はわが国でのプライマリ・ケアの先駆けと称された「沢内方式」の成立基盤を明らかにすることを軸に、合併を余儀なくされた町・村が、それぞれ長年培った歴史を基礎に、「沢内方式」に象徴される保健・医療・福祉への住民の思いを、結実させうる基盤がどこにあるかを明らかにすることで、中山間地域の居住福祉を考える手がかりとしたい。

2　旧沢内村の保健・医療・福祉

●沢内村の地域特性と故深沢晟雄村長のこと

周知のように1960(昭和35)年12月に、沢内村は65歳以上の高齢者を対象に、国保10割給付（沢内病院での診療の無料化）を、全国に先駆けて実施した。これは1957(昭和32)年に村長に就任した故深沢晟雄が、生命尊重行政の第一歩を踏み出すためには、まず、健やかに老いるための老人医療費の無料化が必要と考えたからであった。それには当時、沢内村がおかれていた次のような状況があった。

毎年、12月に入る前後から半年ちかく、2メートルから4メートルにもおよぶ積雪に覆われる沢内は、村内の交通が全面的に途絶するばかりか、生産活動も停止、村人は出稼ぎで何とか生計を維持することに甘んじざるをえず、豪雪は頻発する冷害、凶作とともに貧困の元凶であった。しかも苛酷な生存条件は、医師の定住を阻害して、長い間、無医村状態にあったため、赤ん坊は生まれてもころころ死に、稼ぐことのできなくなった年寄りは、自ら死を選ぶこともあったという。

深沢晟雄は、沢内村の強い要請により、1954(昭和29)年に教育長となり、助役をへて1957(昭和32)年に、沢内村の村長に就任した。

1903(明治36)年に沢内村で生まれ、幼少年期を村で過ごした氏は、病気になっても医者に診てもらえず、とくに豪雪に埋もれる冬の傷病人の発生は、「死」を意味する厳しい生活を体験しているだけに、第2次世界大戦後、新しい憲法が制定された後も、村民が生存権の基本的人権すら保障されないままに放置されている現実を、見過ごせなかったに違いない。

第4章 ケーススタディ（その1）：岩手県沢内村（現西和賀町）の場合

　それは理念としてだけでなかった。教育長になるや、婦人が意欲を持てなくては村づくりは出来ないと、早速、とくに婦人の組織づくりに取り組み、地域ごとに婦人会をつくるために奔走した。1954年の秋には村内の15集落すべてで地域婦人会が誕生、さらに年末には沢内村婦人連絡協議会を結成するまでに至っている。婦人会が推進力となって、後に「自分達で自分達のいのちと健康を守る村」の組織的な活動の母体となったのである。

　村長就任後は、改めて沢内村の実情をつぶさに調査・検討して、「豪雪、貧困、多病・多死」三つの要因が重なり合い、相互に作用し合って沢内の地域的特性が生み出されることを明らかにした。そしてこの悪循環の克服こそが、住民の生命・財産をまもる上で、行政の取組むべき基本的課題であることを強く認識して、この悪循環の克服に立ち上がったのであった。

　就任早々、まず村の年間予算約4,000万円のなかで、年賦償還ではあるが550万円を投じて10トン車級のブルドーザーを購入。盛岡に通じる幹線道路の除雪を行った。除雪作業は村民が「冬季交通確保期成同盟」という組織を立ち上げて、自らの手で行った。しかもこのブルドーザーが、夏の間は開田開畑、耕地整理をして、それで得たお金でブルドーザーの年賦償還費を生み出すなど、年間を通して大活躍したのである。

　深沢晟雄の後を受けて、教育長の職にあった太田祖電は、「住民は自分たちの農業基盤が拡大整備され、それが冬の除雪につながるという、一石二鳥の大効果に歓声を上げた」（文献2―太田）と記している。そしてブルドーザーは1台が2台、2台が3台に増えて、4、5年の間に、田んぼが2倍となり、牧野や畠も飛躍的に拡大して農業所得も2倍以上に上昇したという。

　他方、深沢晟雄は村役場には保健行政を担当する厚生課を設置した。そして住民自らが「多病・多死」、「経済的貧困」の現実と向き合い、それを乗り越える知恵を絞り、克服するための計画を立てて、住民自身が立ち上がる方策を探ることから始めるべく、社教、病院、婦人会、

青年会、学校、農協、保健婦、農業改良普及所など、村の各分野の代表で構成された「保健委員会」を設置した。この保健委員会での検討を中心に、沢内村の保健計画を策定し、それに基づいて、2名の国保保健婦を採用し、村内の各行政区域には、保健婦の協力者として保健連絡員を配置するなど、村を挙げての保健活動に取組む体制がつくられたのである。

そして具体的には保健委員会は、岩手県国保連盟提唱の乳児死亡率半減運動に取組み、岩手医大小児科教室の協力を得て、乳児検診を開始、さらに村役場や教育委員会と一体となって、環境衛生モデル部落を設定して、蚊、ハエ、寄生虫、トラコーマの撲滅や生活改善、労働改善などと活動の輪を広げた。集落毎に結成された婦人会も大きな役割を果たしたことは言うまでもない。

しかし故深沢晟雄村長をはじめ、それを支えた人々が取り組んだ「生命尊重」を基礎におく村づくりが、順調に展開したわけではない。とくに1954(昭和29)年に村民の期待をになって、開院された国民健康保険沢内病院が、開院早々から医師の不祥事の他、さまざまなトラブルが相次ぎ、村民の病院利用率は下がる一方となり、赤字累積で診療体制が崩壊してしまったことである。

1958(昭和33)年には、沢内病院の再建が村議会で問題となった。それを乗り越え、沢内病院再建への道を拓き、「生命尊重」の村政を確実に推進する基礎を築いたのが、深澤村長の卓越した見識と村づくりへの努力、そして新たに来村した医師の高い資質と、専門家としての貢献が実を結んで策定された「沢内村地域包括医療計画」の誕生であった。

● 沢内村地域包括医療計画とは

病院再建は、まず深沢晟雄村長と、1960(昭和35)年3月に東北大学医学部大学院を終えて、就任した加藤邦夫医師によって、沢内病院を再建するにあたっての基本方針を立てることから始まった。

長らく無医村に近い状態で、常に病気や怪我で命を奪われる危険と

第 4 章 ケーススタディ（その 1）：岩手県沢内村（現西和賀町）の場合

向き合って暮さざるを得なかった沢内の人々が、健康に暮す上で求められることの確認であった。それはとくに自然条件の厳しい山間僻地においては、人々の健康増進、病気・怪我の予防、疾病の早期発見、適切な治療、そして治癒後の社会的自立が出来るように、医療・保健の系統的なサービスが受けられることが基本であること。そして病院再建にあたっては、それが沢内病院を中心に提供できるように、病院の規模は拡大こそすれ縮小しないこと、および行政と病院組織の改革をすすめることなどであった。

これらの基本方針を軸として、1960(昭和35)年4月から1962年3月にいたる2年間、健康養護理論の体系化、沢内村における地域医療を進めるに当たっての具体的状況に基づいての問題点の把握などを踏まえて、院長を中心に、村長、村議会議長、助役、収入役、教育長、総務課長、厚生課長、事務長、そして沢内病院の診療・経営のコンサルタントを引き受けていた東北大学医学部助教授などによる慎重な検討がなされた。中心的な課題は「医療の基本的なあり方と、村立病院の役割」についてである。

また、病院および村民医療の再建計画は、国保事業によることを中心としたために、審議経過は国保運営協議会で、村民代表による検討にも付され、それらの結論を踏まえて「沢内村地域包括医療実施計画」を策定し、病院再建計画と併せて村議会に提案され、議会の議決を経て実行に移されたのであった。

その結果「沢内村地域包括医療計画」は、「村民一人ひとりが、幸福追求の原動力である生命と健康を、生涯にわたって守りつづけて、自然死に接近することを目的とし」、次のような目標に向かって展開されることになった。①人生のあらゆる時点で健康増進要因の助長、②健康阻害要因（＝病因）の排除、③潜在、顕在の病因、障害の早期発見、④疾病や怪我による死亡や障害者の発生の防止、⑤残存能力の維持・開発である。

それに基づいて、沢内村は「生涯一貫して継続性のある包括医療サービスを、村立病院を核として提供するために、保健・医療・福

祉・教育を統合した地域包括医療体制の確立と、住民のセルフ・ケアの向上を目標」とすることを決定したのである。

1960(昭和35)年12月1日、実施に踏み切った65歳高齢者医療の無料化は、「生命尊重行政」を進める上での、第一歩であった。

そして翌1961(昭和36)年4月に、第2期目の村長に就任した深沢晟雄は、就任と同時に臨時村議会において、同年4月1日から国保の高齢者医療費無料化の対象を、60歳以上に切り下げるとともに、乳児の医療費無料化を実施した。

もちろんこの間も沢内村は、前述の保健委員会のもとで、村の保健計画にもとづいて保健婦と、各集落で保健婦に協力して活動をする保健連絡員を中心に、乳幼児死亡率半減運動をはじめ、岩手医大などの協力を得ながら、さまざまな保健活動に取組んでいた。その結果、当時、全国でもっとも乳児死亡率の高かった岩手県の中でも、最多のグループに入っていた沢内村が、1962(昭和37)年に乳児死亡率ゼロを達成したのであった[1]。

そして死亡率ゼロの達成と、挙村体制による村民の健康管理が高く評価されて、沢内村は1963(昭和38)年に、第15回保健文化賞を受賞した。この保健文化賞受賞がきっかけとなって、沢内村の健康づくりに日本医師会が注目するところとなり、後日、日本医師会による技術援助を受ける新たな可能性が開かれることとなった。

また全予防接種への全額村費負担（1960年）のほか、結核性疾患(1963年)、精神障害者(1963年)、患者送迎バス無料運行(1966年)母子家庭(1973年)、重度心身障害者(1973年)などへの医療費負担、分娩料全額村費負担(1971年)、各種健診費用の一部村費負担(1961～1974年)、そして1977年からは村費による費用の一部負担で働き盛りの35歳から60歳未満を対象に総合成人病健診（人間ドック）を開始するなど、地域包括医療の拡充を目指して諸種の試みを実施、そのほ

---

(1) 深沢晟雄氏が村長に就任した1957（昭和32）年には、沢内村の乳児死亡率は、70.05人（1000人対比）であった（文献2―太田祖電2000年）。

とんどが、2005(平成5)年11月の合併に至るまで実施された。

3 プライマリ・ケアについて

●プライマリ・ケアとは

これまできわめて大雑把ではあるが、沢内村の村づくりと関わらせて「沢内村地域包括医療」の成立の経過を中心に述べてが、この沢内村における保健・医療体制は、「沢内方式」と呼ばれて、わが国における地域包括医療—プライマリ・ケアの先進例として評価されている。そこでここで後段の考察に入る前に、プライマリ・ケアについて少し整理をしておきたい。

プライマリ・ケアという言葉は、日野原重明「プライマリー・ケアの概念」(『医学教育』9－2　1978年)によると、英米の組織化された医療が、① Primary care；一次または初期医療、② Secondary care；二次医療、③ Tertiary care；三次医療という三つの段階に区分されていることから、プライマリ・ケアは開業医のクリニック、または病院の外来(専門外来でなく、一般外来)で引き受けられる内容のものとして、1960年代の後半ころから使い始められたという。そして二次医療は、一般病院に入院、または病院やクリニックの専門外来で受ける専門医による医療であり、三次医療は、専門性のきわめて高い大病院、大学病院、または専門のセンターで引き受けられる医療としている。

しかし日野原はプライマリ・ケアを、単に開業医のクリニック、病院の一般外来で引き受ける内容そのものではなく、保健医療システムとして捉えており、厚生省の医師研修審議会が提出した意見書(会長、日野原)では次のように定義をしている。すなわち「プライマリー・ケアとは、個人と家族に最初に接する保健医療システムであるが、ここでは医師は初診患者の問題を適確に把握して適切な指示や緊急に必要な処置の実施や、他の適切な医師への委託を行い、また個人や家族の継続的健康の保持や慢性疾患の継続的なリハビリテーションについて、いわゆる主治医としての役割を果たすことをいう」[文献12]と。

この定義は、プライマリ・ケアが予防、診断、治療、リハビリ、健康維持サービスなどを含む包括医療を拠りどころとしていることを念頭において、なされていることはいうまでもない。しかし論稿の前後の文脈からは、アメリカにおける医学教育での包括的医療の展開の経過などを素材として、プライマリ・ケアそのものの定義というよりも、一次医療と、二次、三次医療との関係に目が向けられて、一般医、家庭医のレベルアップを意識して、課題を提起しているように思われる。

　したがって沢内村での保健医療体制の全体像を、プライマリ・ケアとの関わりで把握するのには、氏がこの論稿の最後に言及している「ヘルス・ケア・システムの中でのプライマリ・ケアの位置づけ」で、紹介している「Nordyke による health care system の模型」を引用して述べていることの方が、参考になるであろう。

　つまり日野原は、「プライマリー・ケアを理解するためには、二次、三次医療を考えるだけでなく、その他の広範囲の医療体系を理解することが必要」であるとして、プライマリー・ケアの前提をなす Individual responsibility（個人的な責任）として酒、タバコ、睡眠時間、運動、食事などの生活習慣に対して、患者自身が自らコントロールできる範囲を示し、この部分が健康教育を効果的に行えれば、病気の予防や悪化防止も可能であることを説き、そして「これはプライマリー・ケアを行う医師や看護婦が、地域住民の健康教育まで含めて行うことによって果たされるわけである」と述べている。

●沢内村のプライマリ・ケア体制

　さて沢内村のプライマリ・ケア体制は、沢内病院の再建がすすみ整備されるにしたがって整えられたことは言うまでもないが、ここでは「沢内村地域包括医療計画」の策定に際して立てられたと考えられる基本的な枠組みを記しておこう。

　それはまず、沢内村の村民を対象に、村の行政区域を基本的な包括医療の地域単位としたが、併せて地域包括医療体制づくりと、病院の再建のために、行政と病院組織の改革を行ったことである。その上で、

第4章 ケーススタディ（その1）：岩手県沢内村（現西和賀町）の場合

行政は総務、事業、厚生の3部制を敷き、厚生部内に健康管理課を新設して保健と医療の一本化を図った。

そしてプライマリ・ケア・サービスの提供体制を、村立病院、健康管理課、母子保健センター、住民福祉課、教育委員会等で構成したのである。それぞれの任務分担は以下に示した通りであった。

① 村立病院は村内唯一の医療機関で、内科、外科と40床の患者収容施設をもつ。

② 健康管理課は、村の保健行政と保健サービスを担当し、国保保健室（1960年設置）を母体として、1963（昭和38）年に創設されて、村立病院内に置かれた。

③ 母子保健センターは、健康管理課の担当する保健サービスの場として1965（昭和40）年に設置され、村立病院に併設された。所管は健康管理課。

④ 住民福祉課は福祉サービスと医療費の村費助成事業を担当し、村役場に設置。

⑤ 教育委員会は、学校保健と健康教育を担当。

この中で、当初、健康管理課長と母子センター長は、村立病院長が兼務したが、副院長の就任で、医師2人体制になった後は、厚生部長を加藤院長が兼務し副院長が健康管理課長を兼務して、村立病院、健康管理課、母子健康センターは、引き続き「包括医療センター」・「プライマリ・ケア・センター」として一体的に管理・運営されて、沢内方式プライマリ・ケアの核を形成したのである。またこれらのプライマリ・ケアを担当した医療機関と行政組織は、医療・保健・福祉・教育を総合化するために、財政、人事担当課などを含めた企画調整会議をもったとのことである。

あわせて見落としてはならないのは、住民による自主的な健康養護活動が、それぞれの組織で展開されたことである。その主な住民組織として14の行政区と76の班組織、そして婦人会・若妻会・青年会・老人クラブ・公衆衛生組合・社会福祉協議会・農協婦人部・PTA・体育協会などがある。これらの組織は、全村ないし地区レベルで組織活

動を展開し、家庭保健、さらには個々人の保健活動の支援を通じて、セルフケアへの意識を高めるとともに、行政のプライマリ・ケア事業との連携も保った。

この行政と住民組織の連携は、具体的には1957(昭和32)年に深沢村政がスタートした際の「沢内村保健委員会」設置に始まり、種々の取り組みを通して、3年間、村を上げての村民の健康状態の改善を推進した。そして1960(昭和35)年に入り、村立病院の再建計画と包括医療計画の策定を進めるにあたっては、沢内村保健管理研究会を設置して、その推進・評価・研究・教育への目配り目的として、年に1、2回学識研究者なども交えての計画検討の機会を持っている。後に、湯田町を含めた西和賀地域へと活動が広がる中で、いっそう組織的に展開されることになるのである。

ところで第2次世界大戦後、欧米諸国では社会保障制度の一環として、保健・医療の分野でも改革が進められた。とくにイギリスで1942年に発表されたべバリッジ報告をうけて、1946年に労働党政権のもとで成立した国民保健サービス（NHS）は、医療保健制度の一つのモデルとして、第2次大戦で疲弊した世界中の国民に希望を与え、各国の医療保健政策に影響をおよぼしたといわれている。

沢内病院長の加藤邦夫は、「沢内村地域包括医療計画」の策定に際して、「21世紀の医療制度といわれている包括医療—プライマリ・ケア・システムを具体的にイメージアップするには、システム・モデルが必要であった」として、開業医による予防と治療の一体化をテーマに、地域包括医療のシステム化を実現したイギリスのNHSの検討をこころみている。

その上で、無医村に近い状態に放置され、生命の危険にさらされていた村民の日々のくらしと真正面から向き合って、本稿では割愛したが、死亡統計、疾病統計などの基礎データや、生活関連資料の収集などをふくめて、2年間にわたる改善に向けての詳細な検討をへて、沢内村における地域包括医療計画が策定されたことは注目に値する。深沢村長および加藤院長をはじめとする関係者の熱意とヒューマニズム、

そして専門家としての苦闘の結晶を見る思いがする。

4 「沢内村地域包括医療」体制が継続しえたのは何故か

● 「沢内村地域包括医療」体制をささえた費用負担の仕組み

ところで一般的に、住民に包括医療——プライマリ・ケア・サービスを提供するには、その費用負担の仕組みが確立していなければならない。それは「沢内村地域包括医療」体制——プライマリ・ケア・システムを構築するにあたっても、基本的な課題であった。

しかしわが国では、診療サービスの費用は、健康保険法にもとづく診療報酬体系として早くから発達していたが、他方、保健サービスの範疇に入る健康増進、予防、健診などに要する費用については、需要のごく一部分について、公費負担あるいは自己負担によるなど仕組みはまちまちで、手薄な状態におかれていた。したがって健康増進、予防、健診、診療、リハビリなどのサービスが、包括的かつ継続的に提供されるには、包括医療報酬の仕組みを開発する必要に迫られた。そこで作り上げられたのが「沢内方式」と呼ばれる健康への啓発養育に止まらず、高齢者や乳幼児など社会的に配慮の必要な人々へ、医療費の自己負担分への村費による補助の実施をふくむ「沢内村地域包括医療」体制であった。

それは後に加藤邦夫院長が全体を総括して、次のように記していることに集約される。「沢内村のプライマリ・ケアは、地域のマイナス要因をプラス要因に転化しながら、また国家の諸制度を生かしながら……(中略)……村民と保健・医療・福祉・教育などのサービス担当者と、政治・行政の担当者が結束して、四半世紀の努力を続けており、村財政の10%を超す健康投資により、計画策定当時のプライマリ・ケアの課題の多くは達成された」と[文献8)]。

ここで用いられた健康投資の指標は、1965(昭和40)年、1970(昭和45)年、1975(昭和50)年、1980(昭和55)年の沢内村の一般会計にしめる「保健・医療事業費」の占める割合で表したものである。「保健・医療事業費」の内訳は、①保健サービス費（対人保健・環境保健と人件費）、

②水道会計繰出金、③施設設備費など保健事業費、そして自己負担医療費に対する村費による補助や、病院会計繰出金などである。

　ちなみに一般会計決算額を、上記の年度順に挙げると、1.5、3.2、10.4、18.7億円であり、うち自主財源の割合は、11.6%から5.9%ときわめて僅かであるから、「沢内方式」を定着させる上で財政力が貧弱な沢内村が、いかに苦労をして費用を捻出したかが伺われる。その結果、「住民の健康水準は向上し、健康で働ける老人が創られ、医療費削減、さらに生産性・所得の向上にも成功し、故深沢村長が掲げた村自治のよる『三重苦』の克服と『健康で文化的な最低限の生活を営む権利』の保障は実現された」と記されている。文献9)(2)

● 「沢内村包括医療体制」をささえたもの

　さて旧沢内村は1960年代のはじめから、2005(平成17)年11月の湯田町との合併に至るまでの半世紀近く、「生命尊重」を村是に地域包括医療体制に沿って、住民の生活基盤である保健・医療・福祉をしっかりと「ささえ」てきた。それをなしえた理由としては大まかに次の3点が挙げられる。①深沢晟雄村長の村づくりの哲学と住民の村自治意識の継承、②沢内村の状況を踏まえての地域包括医療体制の確立、そして③「国民健康保険法」(1938年成立)が、第2次大戦後も幾多の変遷を経ながら、1958(昭和33)年に、国民皆保険体制を実現するために全面的に改正されて、それまで社会保障の蚊帳の外に置かれていた農民や自営業者もすべて、市町村が実施する国民健康保険の被保険者となったことによる。

　さて①と②については改めて述べるまでもないが、両者が相互に深く関わりながら展開したことは、1972(昭和47)年の老人福祉法改正

（2）　加藤邦夫はこの文章に引き続いて、終章の最後に次のような指摘を記している。「しかし、沢内村のプライマリ・ケア体制は、個人的な献身的努力に依存する要素を内包し、この安定と永続性の確立には制度的な支援を必要としており『プライマリ・ケアの理想像』の実現に向けて、保健・医療制度と医学およ関連教育の前進が強く望まれる」と。（文献5）372頁。

第4章 ケーススタディ（その1）：岩手県沢内村（現西和賀町）の場合

で、国のレベルでもようやく実施された老人医療費の無料化が、第1次石油危機を機に財政難が声高に主張され、1982(昭和57)年の老人保健法の成立によって、わずか10年で廃止された際、当然のごとく「無料化」廃止を求めた政府の意向に抗して、沢内村老人クラブ連合会が老人医療費の無料化を求めて、行動を起こしたことにも象徴される。

　かつては病気で苦しんでも医者にかかれず、枯れ木が朽ちるように生涯を終えざるをえなかったばかりか、自ら命を絶つ人も少なくなかったことを知っている老人たちは、老人クラブの呼びかけに応じて、「老人の主張大会」を1981(昭和56)年、1982(昭和57)年と2回も開いて、老人医療費の無料化が、老人だけでなく、いかに家族の健康生活のささえとなっているかを訴えた。　沢内病院を軸とした「地域包括医療」の体制が整い、健康増進・予防・健診・治療・社会復帰の流れが浸透するにしたがって、老人医療費10割給付が果たしている役割への認識も深まり、老人たちが自らの考えを、声を出して主張するようになったのであろう。

　10割給付の継続を求めて村議会に提出された陳情書は、1982(昭和57)年9月の定例議会では継続審議となったが、同年12月議会で検討の結果、満場一致で決定された。

　もちろん時代がすすむとともに人々の意識は変わる。青年層が仕事を求めて都会へ出て、高齢化・過疎化がすすみ産業構造も変化をする中で、住民の横のつながりも変化した。しかし例えばかつて保健活動に積極的に参加した婦人たちは、2004(平成16)年に沢内村婦人連絡協議会の創立50周年を迎え、また集落再編成事業を完成した長瀬野・両沢地域は、2001(平成13)年に新集落移転30周年を祝うなど、それぞれにコミュニティーつくりに取り組んでいる[文献10]。また村内の高齢化がすすむとともに、「スノーバスターズ」（除雪など、いわば冬の「雪退治」）活動など、社会福祉協議会の取り組みを軸にした、世代を越えての福祉分野での活動の広がりもめざましく、村づくりは形を変えながら受け継がれている[文献11]。

また②に即して言うならば、沢内村が乳児死亡率ゼロの達成と挙村体制による村民の健康管理が高く評価されて、1963(昭和38)年に第15回保健文化賞受賞をきっかけに築かれた日本医師会との関係は、さらに展開して1965(昭和40)年から10年間、西和賀地域を保健医療サービスを提供する基礎単位として、包括医療の計画推進母体として「西和賀地域保健調査会」を設立するなどが実を結んだ[文献12]。両町村の医療保健機関や住民組織など約90人が、日本医師会の技術援助の下で調査・研究・意見交換を通じて研鑽を積み、同調査会が町村別に諮問委員会に組織が変更された後も、「地域包括医療」体制を推進する上での支えとなったのである。

そして沢内村のプライマリ・ケアが、住生活・食生活の改善や、地域生活の基盤整備など生活体系の改善を射程において進められたことも見逃せないであろう。

● 「沢内方式」に内包される矛盾

しかし他方、「沢内方式」が内部に矛盾を孕んでいることも見逃すことは出来ない。

それは地域包括医療体制を推進していく上で、地域医療の3要素ともいえる住民と医療専門家、つまり地域包括医療の直接的な担い手との結節点ともいえる包括医療体制の財政基盤が、国の医療政策と地方自治体の動向いかんに左右されるからである。

ひとつは国の医療政策の影響である。先に記したように老人保健法制定によって、国からの老人医療無料化への締め付けに対しては、老人パワーと村の見識で跳ね返したものの、1981(昭和56)年6月の「診療報酬の大改定」に始まった医療費抑制政策は、1984(昭和59)年の健康保険本人の10割給付の原則廃止のほか連続的に実施されて、1980年代の10年間には、国民医療費の伸び率が、GNP（国民総生産）の伸び率を下回るほどに、全体としてわが国の医療費抑制策が急激に進行したことに示される[文献13]。それに加えて21世紀にさしかかる前後から、次節で若干しめすように国の財政赤字を理由に、とくに地方小規

第4章 ケーススタディ（その1）：岩手県沢内村（現西和賀町）の場合

模自治体への地方交付税の削減が急速に進められるなど、「沢内方式」の財政基盤は、両面から挟み撃ちにあうことになったのである。したがって「沢内村地域包括医療体制」は、国民皆保険体制の下で育まれ、住民や村自治体の懸命の努力で、国民健康保険の保険料の収納率も、最近20年以上は99％に近い状態で推移して、国民健康保険会計も黒字を保ってきたにもかかわらず次第に窮地に追い込まれ、その矛盾は沢内病院へのしわ寄せとなって進行し、肝心の保健・医療部門スタッフの不足を、拡充できないまま据え置かざるをないことにも示される。

沢内病院は合併まで、外科、内科、小児科、眼科、歯科の5つの診療科と、入院設備として一般病棟40床を擁し、院長を含む3人の医師をはじめ総勢43人で人工透析、在宅医療、介護サービスなども行った。それに加えて村立病院開設当初から救急告示病院として、24時間体制をとっているので、たとえば院長を含む3人の医師（常勤は院長のほか1名）の勤務体制は、土曜、日曜は自治医大からの応援医師が来院しているものの、泊まりは2人の常勤医師がそれぞれ週に3日ずつ分担した。そして常勤の医師は、入院患者の病状急変に対応できるよう、病院の近くの宿舎で生活しており、携帯電話を離すことはできない状態である上、訪問診療にも、毎月、50人ほどを3人の医師で分担してでかけるという具合である。それに沢内は元気な高齢者が多いが、80歳をこえると寝たきりの患者さんも目に付き、訪問診療は欠かせなくなっているとのことであった[文献14]。いわば保健・医療部門スタッフの懸命の努力で、ようやく維持される状態にあったと認識すべきであろう。

その上、「沢内村地域包括医療体制」を進める上で枢要な位置を占めていた「健康管理課」が、介護保険の成立を見込んでの機構改革で、1999(平成11)年に「保健福祉課」に統合されて、保健師の仕事が現場を離れてデスクワークに縛られがちとなり、住民との繋がりが少なくなったことも、矛盾を広げる要素になったことも見逃せない。

5　平成の大合併と苦渋の選択

●湯田町、沢内村合併への経過

　さて、国家財政が膨大な赤字を抱え込み、21世紀にさしかかる前後から、政府主導による市町村合併が強力に推し進められるなかで、村の財政が縮小され、旧沢内村も合併問題に現実的課題として向き合わざるを得なくなった(3)。2002(平成14)年—広域合併協議会設置、翌2003(平成15)年—湯田町沢内村任意合併協議会設置、2004(平成16)年には、湯田町沢内村合併協議会（法定協議会）が設置されて、合併への論議が進んだ(4)。

　合併協議会における協議は、新自治体の庁舎の位置などと併せて、合併後の保健・医療、とくに老人医療費助成制度をめぐって議論が沸騰、難航した。最終的に老人医療費助成制度については、沢内村の制度を基本としながら「①対象医療機関を新自治体で開設している全医療機関にする。②対象年齢を65歳以上に引上げる、③この制度に新たに患者一人について医療機関毎に、月額、入院5,000円、外来・調剤薬局1,500円の自己負担制度を導入するなど」を加えて、合併後3

（3）　町村合併の動きは、2002年11月に、政府の地方制度調査会・小委員会から「今後の基礎自治体のあり方について」と題したいわゆる西尾私案がでて、一層拍車をかけられたという。西尾私案によると、自治体の目指す姿として「市並みの事務を処理する人口規模」とし、2005年4月以降について、国が人口基準を示したうえで「一定期間、財政支援以外の方法で都道府県や国が強力に合併を推進すべき」としており、一定の人口基準に満たない自治体にたいしては、「福祉や教育など国が義務付けた事務をさせないか、窓口事務など一部に止めて、都道府県か近隣自治体に事務を委託する」、というのであった（『神戸新聞』2002.12.13）。

（4）　この間、2002年9月から2003年11月にかけて、沢内村・湯田町ではそれぞれに4回、各回とも行政区域ごとに、合併について「広域行政懇談会」を開催した。沢内村を例に取ると、4回—57会場で1,456人が参加している。回を重ねるごとに参加者はふえているが、記録を読んでも出席者の質問に対して、行政による説明にとどまり、湯田町との合併について、相互に議論をするまでには至らなかったように思われる。また湯田町では湯田町住民投票をすすめる会が、湯田町選挙管理委員会に1,559人分の署名簿を提出して、住民投票条例制定を求めたが、住民投票条例の制定は、同月の臨時町議会で否決された。

第4章 ケーススタディ（その1）：岩手県沢内村（現西和賀町）の場合

年以内に、給付範囲や財政負担の状況、地域医療の状況を考慮して再検討することで協議会での合意が形成された。

また沢内病院については、「公営企業として一層の経営健全化に努めながら新自治体に引継ぎ、民間開業医と連携した地域医療の確保と保健・医療・福祉の一体的なサービス体制の確立を図」り、病院建設については「地域の実情、時代の流れ、救急搬送体制等を鑑みながら、地域ニーズに沿った医療機関として建設内容を検討する」としている文献15)。

そして沢内村は2005(平成17)年3月の臨時村議会で、湯田町との合併を決定、11月1日に西和賀町が誕生した。

西和賀町は面積590平方キロの広大な地域を擁している。しかもその8割以上を山林が占め、全人口8,000人弱の典型的な弱小自治体である。高齢化率は2000(平成12)現在、湯田・沢内平均で33.8%である。両町村にとって合併は過疎化・高齢化がすすみ、それまで村財政を支えてきた地方交付税が、大幅に削減される中での苦渋の選択と言えよう(5)。

●まちづくりへの思いと沢内病院の激震

さて西和賀町は、「新しい時代の「結（ゆい）」によるまちづくり」をめざして、「健康」「環境」「産業」をキーワードに、「人が輝き、地域の力の満ちる町」として、如何に次世代に引き継いでゆくかを模索しながら足を踏み出した。

ところが合併の翌年、2006(平成18)年の6月に、前年4月に就任したばかりの病院長の突然の退職によって、これまでの保健・医療体制が成り立たなくなったのである。他の常勤医師の退職や、自治医大からの派遣医師の交替とも重なり、とりあえず週に3日、遠方からの高

---

(5) ちなみに旧沢内村の2000（平成12）年度から、2003（平成15）年度に至る4年間の一般会計決算額の歳入・歳出の推移を示すと、2000年度の歳入が41億5,689万円から37億5,690万円へと10%近く縮小した。この間の地方交付税の大幅減額がその主要な原因である。湯田町についてもほぼ同様な状況にあった。

齢の非常勤医師の加勢を依頼して、辛うじて日々の診療を継続する状態になったのである。したがって入院患者は転院を余儀なくされ、地域の中核病院として果たしてきた救急対応も、訪問診療も変更を迫られた[文献16]。

市町村合併が強引に進められる過程で、全国的にもとくに中山間地域で、地域医療の継続が難しくなっている状況がマスコミなどでも報じられた。半世紀に近い歴史を刻んできた沢内村も例外ではなかった。

今回、ともに合併を選択した湯田町は、町の成り立ちや産業構造も沢内とはかなり異なり、かつては鉱山と温泉で賑わい、1960（昭和35）年の国勢調査では人口12,913人、世帯数2,568と記録されている。しかし鉱山の廃業に加えて、大規模ダム（湯田ダム）の建設にともなう町の中心集落の水没で町民の転出がいちじるしく、2000（平成12）年には人口は4,009人となった。過疎化・高齢化の進行も著しく、一人暮らしの高齢者も多い[文献17]。

したがって冬季間に高齢者が直面する諸課題を考えると、まずは自治体病院と常勤医師を中心にした保健・医療・福祉のチームによる系統的なサービス確保は喫緊の課題である。関係者の努力で、2007（平成17）年度からは、自治医大からの応援医師2名の継続を含めて内科、外科を中心に月曜から金曜までの恒常的な診療が再開し、入院患者の受け入れも可能になった。「地域と住民一人ひとりの健康・安心」の確立は、西和賀町のまちづくりの主要な課題である。しかしまちづくりの課題は一つではない。「歴史と文化の伝承と自然との共生」、「産業政策」との3つが、基本方針として打ち出されている。したがって「健康・安心」の課題の確立も、まちづくり全体との関りで向き合わざるをえなくなったといえよう。

● **気にかかる財政規模の推移**

ところで沢内病院のこのような形での展開は、直接的には合併で新しく誕生した西和賀町の財政規模の将来展望とのかかわりが大きいと考えられる。参考までに2007（平成19）年度の西和賀町歳入・歳出予算

第4章 ケーススタディ（その1）：岩手県沢内村（現西和賀町）の場合

総額をしめすと、57億2,000万円となっている[文献18]。筆者は地方財政の専門家でもないし、また紙幅の余裕もきわめて限られているので、大変乱暴であるがこの数値を、湯田町沢内村合併協議会が2005(平成17)年2月に合併に向けての資料として作成した財政計画に示された数値と比較して、西和賀町の今後の財政規模の、大まかな見当をつけることにしよう。

① 財政計画の歳入・歳出は2005(平成17)年度の約67億8,000万円から2014(平成26)年度の約48億7,000万円へと、年次を経るごとに縮小して10年間に約19億円減額している。

② 2005年度は同年度の両自治体財政の単純な合算であるので一応横に置くとして、年次で2007年度に最も近い「財政計画」に記載されている2008(平成20)年度の歳入・歳出の規模場は、総額60億3,000万円である。西和賀町の2007年度予算総額は、1年度早いにも拘らず3億円少なく、地方交付税の少なさが総額の差として現れている。

「財政計画」を策定する段階での予算規模には、「沢内病院」の建設を予定しての合併特例債の利用を盛り込むなど、合併後の予算の算定との間には違いがあるにせよ、諸般の事情を勘案すると、町財政削減がさらに進むことは避けられないであろう。

他方、診療報酬は2002(平成14)年、2004(平成16)年、そして2006(平成18)年には過去最大の3.6%の大幅値下げがなされた。しかも2008(平成20)年4月からは、75歳以上高齢者の医療制度は別立てとする「後期高齢者医療制度」の導入が図られている。

財政状況からみる限りでは、合併の合意事項に盛り込まれた「老人医療費助成制度」の継続についても、どこまで支えきれるかが問われるであろう。

6 中山間地域の居住福祉と西和賀町のまちづくり

● 中山間地域の居住福祉をかんがえる

さしもの猛威を振るった平成の大合併も、2005(平成17)年3月末に

合併特例債が期限切れとなったことで、一応の区切りがつけられた。そして全国の市町村数は、特例債の導入など旧合併特例法の大幅改訂直前の、1999（平成11）年3月末現在で3,232であったのが、2006（平成18）年3月末には1,822へと激減した。政府が予定していた1,000自治体には達しないが、2005（平成17）年だけでも全国で784の自治体がきえた。

しかし小規模町村では何故いけないか、あるいは過去の合併による苦い経験から、同じ轍は踏みたくないという強い思いなど理由はさまざまであったが、合併を選ばずに小さいながらも自立の道を選んだ自治体も少なくなかった。総務省公表の2005（平成17）年4月付け報道資料をもとに、法政大学教授小原隆治が作成した2006（平成18）年3月末現在での、「人口段階別市町村数」によると、わが国の全自治体（1822）のうち、人口1万人未満の小規模自治体が、およそ27％をしめている。そして「地方自治法」本則に規定されている市の人口要件を満たしていない5万人未満を物差しに規模別の分布をみると、全自治体の70％が含まれるとのことである[文献19]。しかし政府の合併推進の動きは、道州制を含めて相変わらず止むこと知らないのが実情である。

何故であろうか。もともと地方交付税は、地域間の税収のアンバランスを調整して、全国のどの地域に住む国民にも、一定の標準的な行政サービスを提供できるように、財源を保障するために、法律に基づいて定めた仕組みによるものである。

わが国では、小規模自治体の多くが位置している中山間地域や漁村が、人口の3割、国土面積の7割以上をしめている。そして産業の中核を占める農林業は、米をはじめとして、さまざまな食料・食材や生活財を生産・供給しているだけでなく、人々の心を癒し、かつダム機能をはたして水資源を涵養し、木材の供給源であり、大気を浄化し、地球の温暖化防止にも大きな役割を果たしている。

地方交付税は、人々がどこで生を受けて住居を定めようと、いわばそうした地域住民の生活、産業、自然環境をまもり、ひいては国土全

第4章 ケーススタディ（その1）：岩手県沢内村（現西和賀町）の場合

体がバランスの取れた豊かな人間関係・社会経済関係そして自然環境を育成するための基礎的社会的投資と位置づけるのがよいであろう。しかし中山間地域の住民の生活条件は厳しく、それだけでは人間らしいくらしが維持しきれないので、人々は隣人とのつながりを緊密にするなどさまざまな工夫も含めて、狭められがちな公的な領域を支えながら、豊かに暮す努力をしてきたのである。

ところが自然の脅威に立ち向かって今日を築いた村や町は、経済のグローバル化が進み効率最優先の経済活動、そして政治が先行する中で、今度は、自らも含めた国民一人ひとりの働きで、大きな経済力を有する社会に成長した国の諸制度や政治の狭間で、押し潰されようとしているのである。

本稿で主題とした岩手県和賀郡旧沢内村の「地域包括医療体制」の歩みもそのひとつの例である。そして今、中山間地域の多くの小規模自治体では、地方交付税の削減や市町村合併への誘導などがすすむなかで、保健、医療、福祉、教育、交通など生活の基礎的な公共サービスがやせ細り、人々が住みなれた地域を離れざるを得ない状況に追い込まれはじめている。国の制度として振りかかる暴力は、1つの村や町の力では対抗しきれるものではない。しかし村、町がそれをよしとしているわけではない。2003(平成15)年に長野県栄村で開催された「小さくても輝く自治体フォーラム」が、毎年2回ずつ休むことなく開催して2007(平成19)年の11月には、第10回目の集まりを東京で開いた文献20)こともその表れであろう。

それに「沢内方式」の半世紀に近い実績は、財政面からの接近だけでは解明できない歴史的な経過がある。

筆者は、最近、書店の棚で急に目に付くようになった中山間地域のさまざまな本を眺めながら、若し町村合併で誕生した町、村を、少し違う角度から見なおすことが出来れば、違った世界が見えてくるのかもしれないというそんな思いに駆られて、再び沢内、湯田に足を向けた。そこで見聞したことを最後に少し書き添えてこの稿を終わりにする。

[金持伸子]

● 心に残った「土着の心と旅人の目」という言葉

　2007(平成19)年5月、案内を頂いた知的障害者通所授産施設「ワークステーション湯田沢内」の設立5周年記念の集まりに参加した。会場は北上線ほっと湯田駅近くにある「ゆだ文化創造館・銀河ホール」である。はじめて足を踏み入れた銀河ホールは、客席338、両側に桟敷席50を設けた演劇専用劇場で、床も壁も全体に木の良さが最大限に生かされて、音響も照明も心憎いほどのつくりであった。

　記念行事が終わって、早速ホールの関係者のNを訪ねて話を聴いたところ、銀河ホールは1993(平成5)年9月に開催された「いわて国民文化祭」(文化庁主催)の演劇部門会場として建設されたとのことであった。それ以来、湯田町文化・福祉部門の協同事業として、周辺市町村とも連携しながら、地域演劇祭とくに高齢者演劇を通じて演劇によるまちづくりと、国内外への演劇文化の交流や発信を介してのネットワークづくりを続けているとのこと。息も切らせず続くNの話に、合併を選んだ町・村の姿が描ききれないでいた筆者は、激震にあった思いを静めるのに少し時間がかかった。

　もともと湯田町には、1950(昭和25)年に地元劇団「岩手ぶどう座」が立ち上げられて、住民は地元の役者が演じる芝居を「おらが町の文化」として楽しんできた。しかし湯田ダムの建設にともなう町の中心部の水没、また古くから湯田の繁栄を支えてきた鉱山も、1970年代さしかかる頃から相次いで閉山し、過疎化が急速度に進行して、町のあり方そのものが大きく変容を迫られる中で、Nは当時の町の財政規模の3分の1に相当する巨額を投じての銀河ホールの建設に教育委員会の職員として関わることになった。ホールを「ぶどう座」のものではなく、「町民のためのホール」にするために、Nはありとあらゆる知恵を絞り（これは筆者の想像だが）、出来るだけ多くの町民を舞台にあげて、演劇を「観せられるもの」から「観せるもの」へとかえる努力をしたという。

　ホールが完成した翌年の1994(平成6)年から、毎年、ホールの基幹事業として「演劇講座」を行っているが、これもそのひとつである。

第4章 ケーススタディ（その1）：岩手県沢内村（現西和賀町）の場合

参加者は中学生以上で年齢制限を設けずに公募をして、社会的立場もこえたキャスト編成で、プロの演出家の指導で約2ヵ月、週2回の稽古を基礎に、1つの作品を制作し上演する仕組みである。一度出演したものは5年間出られない。

そして試行錯誤の過程で、他方、2000(平成12)年からの介護保険法の施行を控えて、介護予防としての高齢者の生きがいづくりなど、福祉サービスの基盤整備を模索する福祉部門との連携が生まれた。この間の経過や、演劇活動が高齢者の新たな自己実現や仲間づくりへと展開する過程を、湯田町の高齢者演劇を事例として、大学院で高齢者による表現活動を研究しているAが修士論文に纏めている[文献21]。そして小、中学校での演劇指導もさかんである[文献22]。これまで湯田町の住民生活に接する機会がなかっただけに、ビデオに収録された練習に励む農民や一人ぐらしの高齢者の姿、そして上演を終えての出演者それぞれの満足げな表情は印象的であった[文献23]。Aは「……ホール開設後、「町民の演劇への関心が掘り起こされ、演劇文化が活性化され、外部との交流により、町民は、わが町の優れた演劇文化を認識していく」と記している。そして2004(平成17)年までの10年余の間に、実に住民の3分の1が舞台に上がったという[文献24]。湯田町の演劇によるまちづくりはしっかりと根付いているように思われる[文献25]。

ところで、2006(平成18)年から2007(平成19)年に掛けては、沢内でも住民の新しい動きが始まった。一つは北上市出身の双子の兄弟の提起で始まった記録映画「沢内・いのちの作法」製作に、住民と行政が協力しての支援体制が広がったことである[文献26]、いま一つは20年余、沢内の長瀬野新集落が中心に取り組んできた児童養護施設「みちのくみどり学園」の夏季事業に、最近5年間の首都圏への展開も加えて、西和賀町全体で、社会的養護の必要な子どもへの支援にむけて、NPO法人化を目指して、「輝け『いのち』ネットワーク」の設立総会が設立されたことである。子育て支援に限らず、ゆくゆくは旧沢内の生命尊重行政の資料収集、保健・医療・福祉・教育（文化）など実践紹介や経験の交流、いのちの根源である「食」と「農」の提携など、

これまで沢内を中心に取り組んできた課題に、まるごと向き合おうという試みである文献27)。

これらの動きは、平成の合併は一面で、残酷なまでに中山間地域に位置する町、村を痛めつけているが、合併をしたそれぞれの村、町での住民のつながりは絶たれていないことを示している。

そこで考えねばならないのは、西和賀町を例にとると、合併で面積は2倍になったにも拘わらず、既に議会議員定数は半分の16人に減らされており、今後、財政削減とともに自治体職員数もさらに縮小されるであろう。その場合、この住民生活を維持・継続させる上の砦である公共の場である自治体に問われることは、住民生活を維持・継続するだけでなく、発展させるには何が求められるかを明らかにすることであろう。

これはこの事柄に即しての会話の中ではなかったが、劇作家の川村光夫を訪ねた際に、「世の中が渾沌としている時に大事なことは……」という筆者の質問に、戦後、地域で世の中が激しく移り変わるなかで、自問自答しながら続けてきた劇作家としての活動を振り返りながら、「土着の心と旅人の目を失わないことですね」と、いわれたことが印象に残っている。

筆者はこのことは、例えば町村合併をして、新しいまちづくりを進める際にも当てはまるように思った。それはそれぞれに出自の村、町については、十分に郷土愛を持ち、日々の暮らしの中に血、肉として息づいているのだが、意外と合併をした相手のことはほとんど語られないからである。しかしまちづくりの第一歩は、これまでの村、町の境界線を越えて、肩を張らずに「合併した相手の村、町のことを、旅人の目で見る」ことこそが大切だからである。その橋渡し役を担える適任者が、それぞれの村、町の議員や自治体に職を得ている職員であると思う。あるいは議員や自治体職員に課せられる任務つまり、ミッションというのがいいのかもしれない。

それぞれが住居を定めている地域が、一層やせ細ることを想像しながらも、何とか住み続けようと力を振り絞っている住民を、元気付け、

第4章 ケーススタディ（その1）：岩手県沢内村（現西和賀町）の場合

町の活力の失わないためには、まず孤立感を取り除いて、お互いにこれまでに培った生活の重みを大事にしながら、境界線をこえて新しい横のつながりをつくることが大切だからである。

やや話の飛躍しすぎになるかも知れないが、国際的に経済・社会の構造が変化する中で、政治構造も上意下達型ではなく、国民が一番身近なところで、何を、どのように負担して行うかを決定する権利を持つ方向へと、国内外で新しく舵を切ろうとする力が働き始めていることを考えると、東北の雪ぶかい村で「地域包括医療体制」がはぐくまれ、多くの力に支えられながら、今日へとたどった経路は、その1つの象徴といえるかもしれない。

しかし大事なことは、どのように小さな自治体でも、「地域全体で持続的に発展する」ことである。最後に2005（平成17）年6月に新潟県関川村で開催された第5回「小さくても輝く自治体フォーラム」の講演で、島根大学副学長　保母武彦が「農村問題（＝中山間地域問題―筆者）を、経済成長に取り残された「負の遺産」として捉えるのではなく、その長所に注目し、前向きの持続可能な社会計画づくりを考えたい」として、具体的な地域計画づくりを提案していることを紹介しておこう文献28)。そこで印象に残ったことは「まず、集落を単位に農村自らが自前で努力する」こと、「都市と農村の連携」、「農村的生活様式の今日的再生をめざして国に本来の役割を果させる」を強調するとともに、「集落が活性化すると、役場の重要な役割は、住民の取り組みを応援することに変わる」と主張されていることであった。

それぞれに歴史を刻んだ町、村が一つになったことをプラスに転じて、役場も住民とともに、一人ひとりが安心して住み続けるには何が必要かを、目と耳と心で探し、お互いに情報を交換しながら、それぞれの地域に即しての要求を率直に出し合い、まちづくりを模索する中で「沢内方式」も新たな展開の途を開くのではなかろうか。

地方分権時代の居住福祉の構築も、其処から始まるのではないかと考えている。

参考文献

1) 金持伸子「「命を守った村・沢内」を訪ねて」日本住宅会議『住宅会議』no. 59（2003・10）
2) この項については、太田祖電「沢内村福祉行政の軌跡」1、2、3、4および「同　後編」1、2、3（国家公務員共済組合連盟編『共済新報』（1999-2002）
3) この項については、加藤邦夫「地域医療の理論と実践の模索」『国保委学会誌』10巻2号（1972）
4) 西和賀国民健康保険　沢内病院ホームページ　2008・1・15
5) 加藤邦夫「沢内村のプライマリ・ケア」（武見太郎ほか4名編『プライマリ・ケアの医科学Ⅱ　各論』朝倉書店　1982）
6) 炭谷　茂「国民保健サービス（NHS）の改革」（仲村優一・一番ケ瀬康子ほか編『世界の社会福祉　イギリス』旬報社　1999）
7) 加藤邦夫「地域包括医療とプライマリ・ケア」（『公衆衛生』Vol. 44　No. 11　1980）
8) 加藤邦夫・文献5）とおなじ
9) 加藤邦夫・文献5）とおなじ
10) 沢内村婦人連絡協議会・創立50周年記念編集委員会編『山脈は輝きて』（平成16（2004）年刊）、および長瀬野新集落　和衷会　長瀬野新集落移転30周年記念誌『しんしゅうらく』（2001）参照
11) 高橋典成「豪雪を柱とした地域づくり」（『ゆき』45号、および高橋典成「地域福祉コミュニティづくりから遠慮のない社会へ—岩手県沢内村」（『東北開発研究』2002・10）
12) 加藤邦夫「武見太郎先生と沢内村の包括医療—生存科学の開発とその実践」（武見記念生存科学研究基金・武見太郎記念論文集編集委員会編『武見太郎の人と学問』丸善株式会社　1989）
13) 二木　立『医療改革　危機から希望へ』（勁草書房　2007）
14) 沢内村国保病院「沢内病院」での医療スタッフからの聞き取り（2005・2）
15) 湯田町沢内村合併協議会「新自治体建設計画（案）の概要と合併協議項目・住民説明資料」平成17（2005）年
16) 西和賀町国民健康保険　沢内病院スタッフからの聞き取り（2006・7・18）
17) 湯田町町政要覧2004年、湯田町ホームページ（2005・3・9）、北上市中

第4章 ケーススタディ（その1）：岩手県沢内村（現西和賀町）の場合

央図書館所蔵『湯田町史』
18) 岩手県西和賀町「西和賀町歳入歳出予算書」平成 19（2007）年
19) 小原隆治「平成大合併の現在」（『世界』2005・10 月号）
20) 高橋彦芳「10 回目を迎えた小さくても輝く自治体フォーラム」（『住民と自治』2008・2）
21) 朝日恵子「高齢者による表現活動の意義と可能性についての一考察─岩手県湯田町の高齢者演劇を事例として─」（大阪市立大学文学研究科（アジア都市文化学専攻）修士論文　2006）
22) 湯田町教育委員会「湯田町中学校演劇塾」（平成 16 年度文部科学省委託「子どもの居場所作り」事業、平成 16（2005）12
23) テレメンタリー 2000「スポットライト〜高齢者劇団奮闘記〜」（制作：岩手朝日放送 2000・10・19）
24) 朝日恵子　文献 21）とおなじ
25) 川村光夫「銀河ホール 10 年あれこれ(1)─落としのこと、言葉のこと」（『演劇会議』2003・7）、川村光夫「銀河ホールの 10 年あれこれ(2)─根底から揺るがすもの─地域演劇祭のこと」（『演劇会議』2004・3）ほか
26) 「記録映画　沢内・いのちの作法」普及後援会
27) 「輝け『いのち』ネットワーク（設立総会 2007・10・21　代表・高橋典成）
28) 保母武彦「新しい地域経営の考え方─小さくても輝く自治体を育てる「地域計画論」」（『住民と自治』2005・8）

第5章 ケーススタディ（その2）：
秋田県鷹巣町（現北秋田市）の場合
―― 合併による居住福祉の後退

岩川　徹

はじめに

　私は、1991年から2003年までの3期12年間、鷹巣町長を務めた。その間、高齢者福祉政策を町政の最重要課題と位置づけて取り組んできたが、この基本姿勢は私の一方的な考え方ではなかった。私は初の町長選において「町政の主人公は住民である」との理念の下、住民の意思を尊重した「公約づくり」を約束し、町内を一軒一軒訪ね歩いた。その過程で私は、悲惨な状況にある介護現場を目の当たりにすることになった。部屋の外から鍵を掛けられ、座敷牢状態に置かれていた認知症の高齢者。部屋の中には食事と水が準備され、その脇にはポータブルトイレがあった。福祉がないがしろにされている町で、家族が働きに行くにはそれ以外に方法はなかったのだ。それも、一軒だけではなかった。また、体調を崩した80代の一人暮らしの女性を、隣に住む80代の女性が世話をしている"老老介護"の現場にも遭遇した。こうして、住民の多くは老後に対する不安を抱えながら、毎日を送っていた。老後の不安解消を口々に訴えてくる姿を見て、高齢者福祉政策の推進は喫緊の課題だと考えるようになった。

　高齢者福祉政策を公約の中心に掲げ初当選した翌年、私は初めてデンマークを訪問した。私にとって最も衝撃的だったのは、高齢者を支える「人手」の多さであった。当時、鷹巣町にはホームヘルパーが5人しかおらず、この違いにカルチャーショックを受けたのは当然のことである。さらに、全て個室化された「プライエム」（日本の特養）や「ケア付住宅」も驚きであった。部屋には慣れ親しんださまざまな家

具がおかれ、壁一面に大切な家族の写真がきれいに飾られていた。また、どんなに重い障害を抱えていても、必要な福祉用具の提供を個別的に保障する「補助器具センター」も印象的であった。

こうして、デンマーク福祉を学んでいくうちに、その核心部分が見えてきた。それは、「現場主義」「当事者優先」「地方分権制度」というものとの関連性である。特に、この国では民主的な手続きによって合意形成を図ることが尊重されるが、これは、民主主義が根付いていることを意味した。つまり、デンマークの高齢者福祉政策は、民主主義の土台の上に築き上げられていたのである。

帰国後、私は住民参加による政策推進を提案した。住民と行政の共同作業による合意形成が必要だと考えたのである。その結果、住民の自由意思による自主的組織、「福祉のワーキンググループ」が誕生した。ワーキンググループの活動は、高齢者の実態を調査することから始まった。積極的に"介護現場"に出向き、本人や家族の生の声を聞いて歩いた。何が問題なのか、それがはっきりと見えてきたことにより、問題解決に向けて具体的な提案が出されるようになった。こうして、ワーキンググループの提案が、「鷹巣福祉」を一つずつ実現させていったのである。

実現した主なものは、(1) ホームヘルパーの増員と、24時間派遣の実施。(2) 小学校区単位でのデイサービスセンター建設（7学区の内、4学区に建設）。(3) 訪問看護ステーションを商店街に開設。(4) 認知症グループホーム（2ヵ所）の開設。(5) ミニデイサービスの実施。(6) 配食サービス（一日3食、365日）の実施。(7)「補助器具センターたかのす」の開設。(8) ケア付住宅「サポートハウス」の開設。(9) 授産施設と学校給食施設の合築「フードセンターたかのす」の開設。(10) 介護保険関係（①上乗せ、横だしサービスの実施。②低所得者対策の実施。③「介護保険応援します基金」の創設。）(11)「鷹巣町高齢者安心条例」の制定。(12) 全個室・ユニット型の老健施設「ケアタウンたかのす」の開設などである。

第5章 ケーススタディ（その2）：秋田県鷹巣町（現北秋田市）の場合

● 「人手」と「個室」へのこだわり

「鷹巣福祉」に関して言うと、私が最もこだわりを持っていたのが「人手」と「個室」である。

そもそも、町が在宅福祉重視の方針を基本に据えたことで、在宅支援の拠点である社協（会長・鷹巣町長）では、ホームヘルパーを大幅に増やす必要が生じた。そこで、1991年には5人しかいなかったホームヘルパーを、2年後の1993年には30人に増やし、同時に、日本の自治体として初めて24時間派遣を実施した。社協はその後、訪問入浴サービス、デイサービス、障害者（児）支援、子育て支援などを中心とした事業型社協への転換を図り、2003年には常勤ホームヘルパー57人を含む150人体制となった。また、その年における深夜帯のホームヘルプサービス利用者数は、延べ1万人に上った。

一方、1999年に施設福祉の拠点として開設された「ケアタウンたかのす」は、全国で初めてとなる「全個室・ユニット型」老健施設を基本に、ショートステイ、デイサービスなどを含む在宅複合型施設であった。老健80室、ショートステイ30室で合計110室だが、一部屋の広さは20㎡で各部屋にはトイレが付いている。利用者の身の回り品の持ち込みは自由で、何の制限もない。ここでは、利用者の動向を監視するカメラや、センサー、また、外から掛けられる鍵やスタッフ専用の鍵など、利用者の人権やプライバシーに触れるものは一切設置されていない。「ケアタウンたかのす」では、全ての利用者の自由が保障され、「その人らしさ」がしっかりと守られている。

それを可能にしたのが「人手」である。「ケアタウンたかのす」では1.4対1の人員配置を行っており、国の人員配置基準3対1を大幅に上回っている。人手を厚くした理由は簡単である。基準どおりの配置で施設運営を行った場合、夜間の人手不足は明白だからだ。1人の夜間勤務者が30人や40人の対応を強いられることは日本の施設では普通のことであり、それ以上のケースがあるのも事実である。こうした施設において、人手不足を補うために行われる一つが、"身体拘束"である。つまり、拘束帯、監視カメラ、センサー、鍵、薬剤といった

ものが「人手」の代わりなのである。もし、本気で高齢者の尊厳を守るのであれば、十分な「人手」の確保は最低限必要なことである。

「ケアタウンたかのす」を含め、「補助器具センターたかのす」「サポートハウス」「フードセンターたかのす」「グループホーム」などの運営組織が、㈶たかのす福祉公社（理事長・鷹巣町長）である。福祉公社には200人の職員が勤務しているが、鷹巣町は福祉公社に対して年間1.5億円から2億円の補助金を出していた。しかし、これは鷹巣町の年間予算の約2％に過ぎず、町の財政を圧迫する程のものではなかった。むしろ、高齢者福祉政策の推進によって、社協と福祉公社で新たに350人の雇用が生まれたのである。これは、地域経済にとっても大きな意味があった。

● 「鷹巣町高齢者安心条例」の制定

社協、福祉公社職員のレベルアップは、特に重要であった。そのため、鷹巣町は徹底して学習の場をつくった。町が半額助成したデンマーク研修は10回近く実施され、合わせて150人ほどの鷹巣町民がデンマークを訪問した。特に、社協と福祉公社職員の場合は、認知症専門施設での実地研修が主体となった。また町は、デンマーク第2の都市であるオーフス市と「高齢者福祉行政に関する政策協定」を締結、同市の医師、看護師、ヘルパー、ＯＴ、ＰＴ、市職員などを招聘して更に学習を積み重ねた。

こうして2002年、関係者の介護技術の向上に裏打ちされてできたのが、「鷹巣町高齢者安心条例」である。「鷹巣福祉」の第1幕では、ワーキンググループを中心に住民と行政が一体となって高齢者福祉のあるべき姿を考えた結果、介護基盤整備が進んだ。そして「鷹巣福祉」の第2幕が、この条例の制定である。高齢者の尊厳がしっかりと守られるように、町全体の介護サービスの質の更なる向上を図るのが、条例の最大の目的である。また、介護保険制度の下、鷹巣町が保険者として介護の必要な高齢者の人権を守る防波堤を築き、地方自治体に課せられた高齢者福祉行政の責務を全うするための礎石でもあった。

第5章 ケーススタディ（その2）：秋田県鷹巣町（現北秋田市）の場合

　この条例のキーワードは"権力行使"である。施設では、特に、認知症高齢者の自由意思や自己決定が否定されたり、その行動が管理・制限されたりすることがあるが、介護スタッフによるこうした利用者の心身への介入行為を一括して"権力行使"と呼ぶことにしたのだ。"権力行使"の小さなものは「にらむ」「無視する」であり、最も大きなものは「身体拘束」である。当然ながら、利用者の手や腕を取って本人の意思に反する方向に誘導したり、介護スタッフの考えを無理やり利用者に押し付けたりすることは、これに該当する。町内関係施設での"権力行使"を記録に残し、町に報告することを義務付けた条例だが、これによって町は、町全体の介護現場の実態を把握することができる。更に、これらの報告書は、町内施設において"権力行使"をゼロに近づけるため、介護スタッフが学習する際の貴重な「教材」として生かされる。

　条例はまた、町内全ての介護サービス利用者について、「褥創」の報告も義務付けている。「褥創」は"負の権力行使"として介護の怠慢の証拠となる可能性があり、介護レベルのバロメーターにもなり得る。サービス提供者が利用者の身体に褥創を見つけた場合、町に報告することを義務付け、経過観察を通じて褥創を無くそうとしたのである。

　この条例では、サービス提供者が必要な記録や報告を怠った場合、町に「調査・勧告」の権限が与えられる。町は調査で浮上した問題点について改善を勧告できるが、サービス提供者がこれに従わなかった場合、町はその内容や経緯を公表することができることになっている。

● 福祉と住民自治

　さらに、「鷹巣福祉」の追い風となったのが、2000年に行われた地方自治法の改正である。

　この改正は、地方分権一括法の一つとして行われたものであるが、最も重要な点は国と地方自治体の役割分担が明確になったことである。第1条に、「国は国家存立に関わる事務を重点的に担い、住民に身近

な行政は地方公共団体に委ねることを基本とする」と明記された。つまり、福祉行政は全国の市町村において、義務的な政策として取り組まなくてはならないことが明確になったのである。国と地方自治体の関係で象徴的な出来事は、これまで行われてきた「機関委任事務制度」が廃止され、新たに「自治事務制度」が登場したことである。この制度変更は、地方自治体に対して「裁量権」を認めたものであり、今後、市町村は自らの自由意思に基づき、責任を持って"まちづくり"が行えるようになった。

　その、自治事務の代表選手が介護保険である。私の政治的目標の一つは、「住民自治」を鷹巣町に根付かせることであった。従って、住民参加という手法を積極的に取り入れたわけだが、「自分たちのことは自分たちで決める」という住民自治の本旨を、介護保険を通じて住民が学べないかと考えた。そこで、介護保険料をワーキンググループ方式で決めることにしたが、これに100人以上の住民が参加してくれた。鷹巣町はその時点で既に法定サービスを上回ったサービスが提供されていて、これをカバーするには「上乗せ・横だしサービス」を町の責任で提供する必要があった。ワーキンググループの結論は、介護保険基準額（保険料）を3880円としたが、上乗せ分の1120円は町が持つことにした。ワーキンググループは、介護保険料の説明会を町内50ヶ所において開催し、町職員も補助員としてこれに加わった。住民が自らの介護保険料を考えることで、自治体経営の基本となる"タックスペイヤー"としての立場を認識することになるのだが、これが、介護保険が住民自治の試金石と言われる所以でもある。

　行政も住民の努力に応えた。介護保険の低所得者対策として、基準額に対する第一段階の保険料率0.5を0.4に下げることにしたのだ。その分、第五段階を1.5から1.65に上げた。ここに、自治事務制度による裁量権が生かされたのである。

　繰り返しになるが、「鷹巣福祉」の基本は、行政の責務として高齢者福祉政策に取り組むことを明確にしたことと、住民の意思を大切にした「住民参加」による政策推進を大前提としたことである。また、

第5章 ケーススタディ (その2):秋田県鷹巣町 (現北秋田市) の場合

介護現場においては、"たった一人"を支えるために「人手」と「個室」にこだわりを持ち続けてきたことである。一方、懸念される財政事情に関して言うと、鷹巣町は財政的には何ら心配が無く、健全財政を維持していた。因みに、2003年に公表された財政状況を示す関係指標は次の通りであった。

　地方債現在高倍率　0.957（県内69市町村で第1位）
　起債制限比率　4.1（同じく第3位）　公債費比率7.6（同じく第2位）

●首長交代と「鷹巣福祉」

　こうして鷹巣町は、年間4千人近い視察者が訪れるほどの"福祉のまち"に変わっていったのだが、2003年の町長選挙で首長の交代が行われた。私に代わって新町長になったのは、長年、地元の厚生連病院で院長を務めた岸部陞氏である。「今の方向を一刻も早く変えるべきだというのが皆さんの意見。周辺町村との合併協議を進め、"福祉偏重"を改める」と勝利宣言をした。

　この選挙の大きな争点は、「合併」と「福祉」であった。

　そもそも自治体再編とは、具体的な政策目標があって初めて検討対象になり得るにも拘らず、"大きいことはいいことだ"の大合唱の下、無原則に進められた合併は極めて危険であった。当時、鷹巣町においては、57人の常勤ヘルパーが年間約1万件の利用者訪問（深夜帯）を行っていた。周辺町村では、深夜帯の訪問実績はゼロであった。もし、この合併が実現すれば人口は約2倍になるので、鷹巣町における訪問件数は半減（5千件）することになる。また、財政事情にしても、鷹巣町は秋田県において一二を争うほどの健全財政を維持していたため、福祉サービスの水準を下げ、相手自治体の借金を肩代わりすることになる合併は、どう考えても賛成できなかった。だが、全国的に吹きまくる合併の嵐は、想像以上に激しいものであった。結局、「合併」が「鷹巣福祉」を凌駕してしまった。

　これは後になって分かったことだが、多くの高齢者が「もう福祉はいい」と考えるようになっていた。相手候補陣営は「福祉に掛ける金

は、もったいない」という言い方をして、高齢者を追い込んでいたのだ。結果、高齢者は自ら福祉政策を拒否し、その分、子や孫達にお金を掛けるべきだと考えるようになった。この「現象」は、経済至上主義の延長線上で捌かれてしまったようなものであり、「市場原理」「効率」などを優先させようとする、現代社会の負の部分を象徴するようなものであった。

　岸部新町長は、"福祉偏重"を改めるために「身の丈福祉」を唱え、これまで築き上げてきた「鷹巣福祉」に大ナタを振るい始めた。真っ先に行ったのが、㈱たかのす福祉公社への補助金削減である。2年ほど掛けて、補助金をゼロにする方針を打ち出した。この決定は、十分な「人手」確保はいらない、と言っていることと同じである。合わせて、「個室」の「雑居部屋化」も検討されたが、結局、実現されなかった。そして、矢継ぎ早にミニデイサービス、紙おむつ支給を廃止し、デイサービスセンターの建設中止と訪問看護ステーションの移転を行った。ミニデイサービスは600人近い利用者がいただけに、影響は大きかった。続いて、補助器具利用料金の値上げとグループホームの廃止決定が行われた。当時、福祉公社が町の委託を受けて運営するグループホームには7人の利用者が入居していたが、岸部町長は新たに鷹巣町内のアパート業者が申請したグループホームの開設を認め、そっちに移るよう自ら説得を始めた。その業者は、福祉分野での事業経験は全く無く、町長選では岸部氏を支持していた。これに反発した家族は、家族会を結成して廃止決定の変更を求めたが、最終的には議会に提案され、廃止が決まった。それでも、家族会は民間のグループホームに移ることを拒否し、福祉公社と協議を行った結果、全員が「ケアタウンたかのす」に入居することで事なきを得た。利用者にとって大幅な負担増に繋がったのが、「上乗せサービス」の廃止であった。これまで、上乗せ分は1割負担で利用できたものが全額負担となり、一気に10倍の負担を強いられることになった。実際にあったケースだが、要介護5の利用者で、これまで6万5千円の負担ですんでいたものが、33万5千円になった。この利用者は、以前のよう

な家族介護に逆戻りした。「上乗せサービス」の代表格とも言える、深夜帯のヘルパー訪問も激減した。ここでも、家族介護の"復活"が見られた。介護保険料の見直しでは、低所得者対策として独自に決めた第一段階の保険料率0.4が合併した相手三町と同じ0.5に引き上げられた。この変更決定は、自治体の「裁量権」の放棄と個性ある"まちづくり"の後退であり、実に「もったいない」はなしである。最後は、私が誇りにしていた「鷹巣町高齢者安心条例」の廃止である。合併後、初代となった岸部市長は、議会において条例廃止の提案理由を次のように述べた。「この条例があることによって介護職員が萎縮し、いい介護ができなくなる」。この提案理由だと、介護現場の主役は利用者ではなく、介護スタッフだということになってしまう。極めて不可解な理由である。

おわりに

こうやって、「鷹巣福祉」をズタズタにした岸部市長の持論が、「身の丈福祉」である。中身は述べたとおりであるが、要は、自治体としては最低限のことしかやらないという意味である。これでは、「金のあるものは福祉を金で買え。金のないものはこの程度で我慢しろ」ということになる。

明らかに、自治体の責任放棄である。「鷹巣福祉」の真髄は、介護を必要とする高齢者と、その家族を守るためのセーフティーネットであり、自治体の責任で築き上げたものである。これがあるからこそ、住民は安心して老いることができたのである。岸部市長が言う「身の丈福祉」とは、結局、「北秋田市民にセーフティーネットは要らない」「高齢者の尊厳などどうでもいい」という冷たい思想に基づくもので、何の心の痛みも感じていないふしがある。

その後、補助金がゼロになった福祉公社職員は、昇給無しボーナス無しの厳しい労働条件を抱えながらも、「鷹巣福祉」の復活を願い奮闘を続けた。然しながら2008年4月、遂に「ケアタウンたかのす」が人手に渡される日がやってきた。岸部市長は理事者を全て交代させ

た挙句、意のままに"活動"するようになった北秋田市社会福祉協議会を利用し、指定管理者制度を"道具"として巧みに使い、「ケアタウンたかのす」の管理、運営を福祉公社から市社協に切り替えたのである。つまり、"合法的"に福祉公社を抹殺したのだ。

　これで「鷹巣福祉」は完全に消されたことになるわけだが、逆に、「こんな筈ではなかった」という利用者の"声なき声"が確実に大きくなってきていることも事実である。時計の針が十数年前に逆戻りすることは、決してあり得ない。今度、住民はどんな選択をするのだろうか。

　次の北秋田市長選挙は来春に行われるが、私自身はこの選挙にとても興味を持っている。

第6章 ケーススタディ（その3）：
長野県栄村の場合
――合併を否定した村における居住福祉の実践

高橋彦芳

はじめに

「居住福祉」ということに接したのは、北海道大学吉田邦彦教授の居住福祉ブックレット『居住福祉法学の構想』を手にした時である。まだ最近のことで深く理解したわけではないが、何か探していたものを発見したような喜びを感じた。

村の職員31年、村長20年、合せて半世紀に及ぶ年月のうち、最も精力的に取り組んできたのは、いうまでもなく住民の福祉である。そして、あれこれかなり多くの福祉施策づくりとその実践をしてきた。

これらを総べて「地域福祉」と呼んできたが、しかし、なんとなく総花的で一人ひとりの住民の生きざまに迫る構想力を欠いているのではないか、という危惧を持ってきた。単なる助け合い的な福祉は何時の時代にもそれなりの形であったので、それとは違う現代の福祉とは何かについて、自治体現場でも理解し前進していく必要を感じていたからである。

そんな中で、居住福祉の「居住」は、視点が鮮明で具体性を感じた。居住福祉はその対象を抽象的な人間一般ではなく、一人ひとりの人間の生きざまに焦点をおくものであると理解した。

日本居住福祉学会の案内趣旨に「安心できる『居住』は……基本的人権です」とあるが、正にこれだと思った。一般的な地域福祉の概念に停まっていると、福祉に関する国や自治体の責務はともかく、国民・住民の権利の問題には至らなかった。しかし、現代の福祉ないし社会保障は、具体的な人びとの生きざまとその権利に視点を置く現代

法の思想に立脚していなければならないことを学んだ次第である。

本稿はこのような問題意識のもとに、これまで村政を通じて実践してきた中山間地域における主要な福祉施策について、居住福祉という視点から再検討を試みたものである。

1 中山間地の現状と居住環境

日本の中山間地は人間の居住地として優れた所だと思っている。平場は少ないが山が近くにあり豊かな植生と水に恵まれているので、総合的に見ると平場よりむしろ居住条件が揃っている。

地域の産業経済の柱は農業と林業であった。一般的に経営規模は小さいから住民の暮らしは豊かではないが、各種の兼業、日雇収入を加えると生活の安定性があった。

このような居住環境が大きく変わるのは、いうまでもなく1960年代から始まる経済の高度成長政策とその発展に依るものである。生産における資本的効率化のために中山間地の農業も林業も低迷を余儀なくされ、消費生活における商品購買の拡大により不安定兼業に依存するようになる。

このような情況が進行することによって、若者の地域外への流出が進み、地域の人口の高齢化率は急速に進むようになった。70年代の半ば高齢化率は20％前半であったが高齢者だけの世帯が現れるようになった。

80年代に入り貿易と資本の自由化が一層進行すると、人口の減少より高齢化が加速的に進み、多くの中山間地の高齢化率は30％の後半から40％台に入るようになった。当村においても現在は45％になろうとしている。

最近、言われるところの「限界集落」の発生である。限界集落とは住民の高齢化率が50％を越えた集落を指していうとのことだが、これは将来が危ぶまれるという数値的状態であって客観的な実像ではない。誤解しやすいので軽率に用いてほしくはない。

人びとの居住の観点からいうと、重要なのは日常生活圏の認識の問

題である。市町村合併に関連して日常生活の拡大と合併の整合性を説く論理が盛んである。高速道路や新幹線が整備され、自動車による交通、ITなどの発達によって、確かに人びとの行動範囲は拡大した。しかし、それは社会的経済文化圏というべきもので、日常生活圏とはおのずから異なるものだと思う。

日常生活圏は人びとが結び合いながら自然を共有して暮らしている圏域である。暮らしの中では互いに自由を認め合っていても、生活態度や生活文化の等質性を自から形成している空間である。

今、その中山間地住民の日常生活圏は空洞化しつつあると見るべきではないか。地域から学校、保育所がなくなり、商店があちこちで店仕舞をする。路線バスも撤退し、そのうちに役場や郵便局もなくなるのではないか。中山間地住民の不安は際限なく続いているのである。

居住福祉はこのような中山間地住民の居住環境につぶさに光を当てながら編まれなければならない。

2　中山地の多様性と地域主権

今、医療、介護など社会サービスを提供する福祉、社会保障制度が破綻の危機に瀕している。そして、その要因を膨張しつづける経費と財政難という形で論じられている。確かにそういう面があるかもしれないが、本質は中央集権的官僚支配の運用にあるように思う。

社会保障の当事者を国と国民の関係としてとらえがちであるが、実際の法主体は自治体、企業等多様である。そうであれば社会的福祉サービスの運用に当って積極的な住民参加の道を開くのは当然である。

気候、地形、伝統文化、中山間地の自然と風土は多様である。従って、人びとの居住の在り方も地域の風土と文化に規定されることが多い。信州の生んだ地理学者三澤勝衛はかつて「風土は大自然である。大地の表面と大気の低面との接触からなる一大化合体である。此の風土に正しく生きることの出来る人によってのみ初めて真にその風土が生かし得るのである。」と喝破している。

この点では居住福祉も地域福祉であるといわなければならない。何

事も中央集権的に一律に推進することに合理性はない。居住福祉の実践現場においては、地域主権の下に自治体と住民が主体的な担い手とならなければならない。

人はたいてい住み慣れた所で住み続けていきたいと思っている。まして高齢になるとその思いが強くなる。今いる所から離れたくないのである。そこに財産的なものがあるだけでなく、自分の人格的基盤があるからである。

人びとのこのような願いに応えていくことが居住福祉の原点であり、基本的人権に根ざした福祉の基本である。以下栄村の主要な福祉施策について検証してみたい。

3　栄村の居住福祉の構想と実践

栄村は上信越境の山村で日本一の深雪地帯にある。271平方キロ余りの広大な村土に2500人弱の住民が31集落に散居している。高齢化率は既に45%近い。12月初めから翌年の4月20頃まで約140日は雪の中の暮らしである。

猫の顔のような山あいの交通不便の所でも小半年も雪に埋れる豪雪地でも、住民はここで自立していきたいと願っている。したがって、安心安全な居住の保障は徹底した雪対策が柱になる。

（1）　雪害対策救助員制度

1977年村に企画課ができて課長になったばかりの私に、時の廣瀬豊勝村長から「高齢者家庭の屋根の雪掘り（雪下ろしのことだが当地は豪雪で家の軒先まで埋り屋根雪を掘り上げる様になるので雪掘りと表現する）を支援する制度を考えろ」という指示が出た。70年代の半ばに豪雪に耐えきれなくて、村内で2つの集落で全員移転して廃墟になったり、豪雪地帯では屋根の除雪のために毎冬高齢者が死傷する事件が発生している事情があった。

そこで、雪対策では先進地である新潟県の状況を調べてみた。新潟県では防災のため毎冬県費で豪雪地の市町村に「集落保安用員」を配

置しているが、個別家庭の除雪援助はしていない、ということだった。

集落等の防災は消防団組織もあるが、体力的に限界に来ている高齢者が屋根除雪のために犠牲になるのを防止することが当村の目標であったので、自分たちで考えるより他はなかった。

因みに、新雪の重さは1リットル50グラムであるが1日たつと2倍、ザラメ雪になると8倍にもなる。信越地域の雪はベタ雪で特に重い。数日降った雪が建坪15坪の家の屋根に1メートル位あれば、ざっと20トン位の重さがある。

ひところのように多世代家庭であれば、雪の晴間に簡単に処理できたが、70、80代の高齢者にとっては不可能である。家の中にいても心配で夜も眠れないし、無理をして屋根に上がれば命が危ない。

雪はどこの屋根にも積る、高齢化の進む中山間地には人手が余る程あるわけではない、1、2軒ならばともかく高齢者家庭が多くなると除雪人夫を探すのも容易ではない。

このような情況の判断と議論の結果、雪害として肉体的に自力では除雪できない高齢者、母子、病傷家庭を救助する制度を設置することにしたのである。私どもの総括した雪害の定義は、「雪害とは、降雪という自然現象と時間的、空間的文明状態との接触によって、社会的規模で、人間の生活に障害をあたえる現象である」というものであった。

日本の高度経済成長と都市化の進行、中山間地域の過疎高齢化の中で起る社会的、恒常的な災害現象ととらえたのである。高齢者世帯であっても都市部には扶養義務者はいるが、降雪という急迫した事情から生活保護法の補足性の原則の例外と判断した。

長野県にも協力を求めたところ、社会事情をよく認識され、住民税非課税高齢者世帯で、豪雪指定市町村が支援する場合に、県の基準賃金の50％を補助することになり現在も継続されている。

このような経過で、1977年12月から当村の雪害対策救助員制度は発足した。栄村の制度は雪害の定義からわかるように、雪害対策救助員は冬期間の期限付公務員で、村が認定した被救助世帯に係わる除

図1

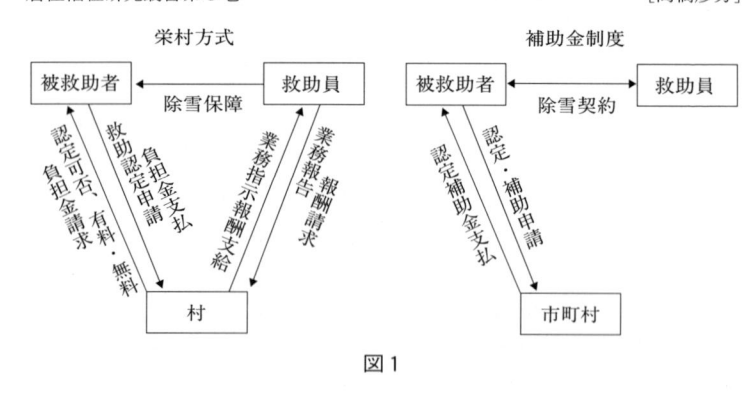

栄村方式 — 被救助者／救助員／村
（除雪保障、業務指示・報酬支給、業務報告・報酬請求、救助認定申請、負担金支払、認定可否・有料・無料、負担金請求）

補助金制度 — 被救助者／救助員／市町村
（除雪契約、認定・補助申請、認定・補助金支払）

雪作業を職務として行う制度である。被救助世帯の認定も高齢者の肉体的能力に基準を置き、所得による区別は設けていない。

栄村の制度は図1のように、被救助者と救助員の関係は、毎冬期間ごとに村が除雪保障をするものである。補助金制度における被救助者と救助員の関係は、一定の要件による補助金はあるが、市民社会の自由契約を出るものではない。

問題は、高齢者等の安心の居住にとってどのような問題が生ずるかということである。先ず高齢化が進んでいる豪雪中山間地では、体力のある除雪救助者は少ない。豪雪村には、除雪人夫の確保競争が起り、弱者は助っ人を得ることは困難になる。栄村方式は、認定を得れば安心して冬を越すことができる。

第2に栄村方式は、15、6人であるが救助員にも労働の保障がある。現在の報酬は日額1万3千円であるが、労働日数は降雪条件に左右されるので、毎月の労働日の50％は最低保障されている。危険な作業であるから救助員の怪我も起る。栄村方式は公務災害保障ができるが、補助金制度では怪我は救助員の自損事故になる。栄村方式が救助態勢の安定強化につながっている所以である。

まだ、補助制度もないため不安な冬を過している高齢者が多い。因みに「平成18年豪雪」において死者118名、重軽傷者1733名を出したが、そのほとんどが高齢者である。個人的家産である故に、災害基

本法による災害指定があったとか、実害が発生しない限り公が直接手を差し延べないようでは居住福祉社会とはいわれないのではないか。

栄村の場合、雪害救助員制度を発足させた77年当時の救助認定は40世帯余りであったが、現在では全世帯の約18％170世帯に及んでいる。しかし、雪害から完全に護られ、認定世帯からはこれまで1名の死傷者も出していない。

一方、高齢化がなお進む社会にあっては屋根除雪をしなくて済む住宅改造が理想である。ただその資金が問題になるので93年豪雪対策基金を設置して、高齢世帯を優先して限度額300万円、1年据置き10年償還の無利子融資を行って、自然落下型または融雪屋根などの住宅改造を促進することにしている。

金融機関による融資とこれに対する利子補給の方法もあるが、金融機関の融資対象としては難しい人たちである。村は家産の相続予定者の連帯保証を以って足りることにしている。村財政に不測の打撃を与えることは許されないので、基金の範囲内にしたのである。現在は、基金の額は1億7千万円で特に大きな問題はない。

いずれにしても、雪国中山間地における居住福祉の根軒は雪対策である。この他にも集落内の道路整備を1993年から15ヵ年間に村独自で55路線9キロ余りを整備し、午前7時30分頃までに村道の無雪化を約80キロ実現している。このことについては紙幅の関係でこれ以上詳述できない。

（2） げたばきヘルパーの構想と実践

2000年から施行された介護保険をめぐっては、さまざまの議論が交わされてきた。被介護者の選択の自由、家庭介護（女性）からの解放、介護の市場化……である。いずれもその一端はいい当てているが、私どもとしては地域の実情に沿って公の責務と被保険者の権利を合致させて、基本的人権思想に立脚した福祉施策に少しでも近づけることだと考えた。

栄村の参加している広域行政事務組合（2市5町村）では介護認定

審査事務と施設介護を行うことになっていたので、村としては取りあえず居宅介護を担当すればよかった。95年には高齢者住宅5室、ショートステイ8床、デイサービス15名程度を実施できる総合福祉センターを開設していた。また、棟続きには村営内科、歯科診療所があるので万全の体制だと思っていた。

しかし、介護保険は保険料を徴収するので、保険者は介護認定を受けている被保険者に対して24時間態勢の介護責任があり、それを果すことは大変なことであった。遠い集落は役場から40キロの距離があり、小半年は雪があり交通が困難である。5年に1回位の割合で特別の豪雪があり全面的に交通麻痺が発生している。

このような事情から民間事業者のヘルパー派遣はまずありえない。さりとて常勤ヘルパーを多く置くことは人口規模から不可能である。そこでいろいろ議論を重ねて到達した結論は、「住民が住民をヘルプする」介護の輪を地域に作ることであった。

介護保険法の施行を前にした1999年5月このことを村民に向けて公報し、6月から3級の介護ヘルパーの資格取得講座受講生募集を行った。受講者があるかどうか不安があったが予想を大きく上まわる97名の応募があり、村と村社会福祉協議会の共催で開講した。教科書以外は主催者の負担とした。

50時間の受講を終えた資格取得者が、これも予想を上まわる95名であった。そればかりか追加希望や2級講座の要望が出て翌年2回実施したので、村内のヘルパー資格者は2級、3級合せて160名に達した。

受講の動機は様ざまなので、資格取得者で社会的に活動できる者に村の介護事業者である村社会福祉協議会に登録してもらうことにしたところ114名から申出があり、現在も113名が登録者になっている。

この登録者を村内8地区8班に編成し、常勤の保健師、看護師の担当を決めてワーキングチームを編成した。下駄や草履でも回れるそれぞれの地区の居宅介護を担当するヘルパーという意味で「げたばきヘルパー」という愛称で呼ぶことになった。

げたばきヘルパーは、独立資格者で雇用されているわけではなく、ほとんど女性であるが他に正業を持っている。社会福祉協議会の要請に応じて24時間、地域の居宅介護態勢を維持する役割を担っている。実動に当った場合は身体介護1時間1,500円、家事支援1,000円、夜間はそれぞれ50％プラスの報酬を支払うことになっている。

資格取得講習、ヘルパー登録など総べて住民の任意で行ってきたので、当村の第1号被保険者約1,000人に対するヘルパーの割合は一割強でかなり多い。折角登録したのに手持無沙汰だという問題もある。このために24時間態勢の組織がゆるまないために、配食、今日はコール、近隣介護施設への支援など村社会福祉協議会の力量が問われるところである。

それはともかく中山間地における安心居住のためには介護保険事業の運営に当っても地域の事情に適した工夫を加味していかなければならないと思う。中央集権的な官僚統制に追随するだけでは、地域における福祉・社会保障も破綻してしまう。

介護保険は介護現場の厳しい労働事情、膨張する介護費用と財政難の中で、09年度から第4期を目前に今汲々としている。保険規模を大きくすればいいという安易な官僚性が1つの大きな要因ではないか。当村は高齢化率45％に迫る小さな保険者であるが、基準保険料は全国平均の60％で運営してきた。人びとの結いの心を育てないと安心の居住福祉は築けない。

（3） 地域の労働と経済の循環で公共の再設計

さて、これまで中山間地の居住福祉というテーマで、私どもの雪害対策救助員制度とげたばきヘルパー制度の実践について述べてきた。居住ということは具体的であるが、安心の居住を実現するには多面的に施策を総合しなければならない。

生命に直接かかわる問題ではないが、2つの制度の他に、農地を荒廃させないように農民主動の田直し、早朝除雪を実現するために沿線住民が協力して行う道直し、路線バス廃止で地域のハイヤ会社を支援

して高齢者の足を確保するデマンドバス、住民は使用料さえ払えば利用できる村営の「個別合併浄化槽」など、行政と住民が協働して行う安心の居住のための独自の仕組みが数多くある。

このような過程で住民が行政との協働に直接参加している者は、年々500人位、村民の20%になる。これをもっと拡大しなければならないと思っている。それが私のいう実践的住民自治である。

このことによって、国県・市町村だけの行政や一般市場活動とは区別される、地域の労働と経済が循環する新しい公共空間を設計することによって、安心安全で基本的人権に根ざした居住福祉社会を構築できると考えている。

4　栄村の将来像モデル
――住民が生きいきと輝く村づくりをめざして

2002年10月、栄村、小布施町、坂城町、泰阜村の4町村と長野県は、自助努力を行いながら独自のまちづくりを進め、自律の方策を共同研究するため、長野県市町村「自律」研究チームを設置し、2003年2月に報告書をまとめました。この自律研究報告書は、参加したそれぞれの町村だけでなく、長野県内の多くの市町村が将来の行財政運営シミュレーションを行うモデルとして参考にされたようです。

その後、栄村では2003年3月に「村が市町村合併問題に取り組む方向について」中学生以上の村民に対してアンケート調査を行った結果、「合併について話し合うよりも栄村の将来について話し合うべきだ」という声が圧倒的に多かったことに基づいて「栄村将来像モデル」を研究してきたものです。

平成の市町村合併の目的の一つには、膨大な財政の累積赤字を理由に地方財政を縮減することにあることから、合併するしないにかかわらず行財政改革を進め、今まで以上に知恵と工夫による村づくりが求められています。

第6章　ケーススタディ（その3）：長野県栄村の場合

（1）　これまでの取り組み

　税財源の脆弱な村にとって、また住民本位の施策を推進するためには、外部から持ち込まれた事務に追随するのではなく、自ら創造することを基本としなければなりません。その意味では、小規模自治体こそ、住民参加型の「行政と住民の協働」による実践的な活動を通して、自律性のある住民自治が実現できます。栄村が取り組んでいるいくつかの事例を紹介します。

①　田直し事業

　転作政策によって、農家の米づくりに対する意欲は衰退し、条件の不利な水田から荒廃がすすんでいました。また、補助事業による基盤整備は、中山間地では実状に合わなかったり、事業費が膨らんだりして農家負担も少なくありませんでした。農家の希望は、「2～3枚の棚田を1枚にし、機械作業のしやすい水田に改良すること」。この希望に応え、農家の労力および投資負担の軽減をはかったのが田直し事業です。村とオペレーターがリース契約、農家の指図でオペレーターによる施工、村は出来高を測定してリース料を支払う仕組みで10アール当たり40万円を上限とします。このうち2分の1を農家に負担してもらいます。農家が使いやすいように区画整理、排水、搬入路などの整備がはかれ、集落の農作業共同化にも道を開いています。

②　道直し事業

　豪雪地帯で冬期間も雪に負けない安心した生活を送るためには、各集落内の狭い道路を無雪化する必要が生じてきました。救急・防災体制を築き、通常の生活サービスを受けるための生活道路を確保する目的で機械除雪のできる道路幅員に広げる道路改良を集落と協働し進めています。用地交渉は集落が調整し地元負担もあります。住宅や水路等が複雑に密集する集落内の改良なので、地域住民と現地協議のうえ、現場に合わせた施工方法を採用、村直営施工で事業費も1平方メートル当たり1万円程度と割安に抑えています。

③　げたばきヘルパー体制

　平成12年度から始まる介護保険法施行に向け、豪雪地帯で山里に

点在した集落でも、24時間ヘルパーがかけつけ、安否の確認と介護のできる体制づくりが課題となっていました。そこで、住民の介護は、住民のパワーで守ろうと、平成11年度からヘルパー養成講習会を開催。資格を取得した有志にヘルパー登録してもらい、21世紀の福祉を担う「げたばきヘルパー」が誕生しました。広い村を8地域(チーム)に分け、さらに身近な集落ごと2～3人のヘルパーを配置しています。現在では118人の登録があり、訪問介護・安心コール・配食サービスなどの在宅介護やデイサービスなどの施設介護に携わっています。

④ 地域循環型の財政運営

道路除雪延長80キロメートル、高齢者等の住宅の屋根除雪160世帯、ヘルパーによる居宅介護、下水道合併浄化槽整備などの事業は住民が携わる現物給付にして、財政の循環性を高めています。また、観光については、温泉宿泊施設等を運営する栄村振興公社が村内調達を実践し外部経済との循環役を担っています。

(2) 新しい自治体の構え

現在、国が進めている自治体論は基礎的自治体の「行政体」としての規模拡充と財政的合理化に偏重し、地方財政政策を権力的に操作して小規模自治体を抑圧しています。財政が極めて悪化していることの認識とその改善の努力は当然ですが、市町村合併が唯一の手段ではありません。今、必要なことは合併か否かに揺れるのではなく、新しい「自治体の構え」をつくることです。収支バランスのとれた行政体の再構築、行政と住民による住民福祉、産業経済、教育文化の創造が求められています。

村では3月の住民アンケートを受けて、村の将来像モデルづくりに着手しました。助役を筆頭に係長以上の職員で構成する企画委員会が原案を作成、100人委員会での意見公聴などを経て、村内3地区ごと住民対話集会を開催、さらに意見を聞いてまわっています。

このモデルの目標年次は5年後、不確定な長期を予測するより、一

定の準備期間があり予測の可能性を考慮しました。より具体性を持たせるため、標準財政規模は今年度予算を基に、段階補正の縮減などによる地方交付税の減額などを想定し20億円相当としました。住民のセーフティネットである保健、医療、福祉、雪害対策、教育に重点を置きながら経費の効率化と財政の縮減を図ることを基本にしています。また、財政縮減による地域への影響を克服するため、次の振興策を目標に掲げています。

① 地域資源を活用した商品開発を進め、地産地消による地域産業の振興を図る。
② 企業起こし、福祉施設誘致等によって雇用の拡大を図る。
③ 村内を結ぶ縦貫道等の整備を図り、21世紀の新しい栄村の形を整える。
④ 1人ひとりが輝く住民活動を興し、交流を進めて、小さくても光る栄村を広く発信する。

これらを前提に、行政改革にも取り組みます。現在の役場組織を簡素化して集団的で機能的な活動ができるよう6課1室1局1委員会（教育）を3課1委員会にします。「何が村にとって、住民にとって大切か」を考え動く態勢を整え、その新しい課には集落支援チームを設置します。

これまで集落では区長がすべての窓口でしたが、これに合わせ集落自治組織もこれに対応する役を置いてもらい機敏な仕事ができる仕組みにしたいと考えています（図2）。併せて各集落の役員報酬や公民館活動補助金などを統合して集落支援交付金として交付し、使い道はそれぞれの集落が独自に考えてもらう方法をとります。この際、全体経費は今までよりも削減されます。

人件費については、収入役を置かないで助役が兼任、教育長は非常勤、議員定数を16名から12名にすることをはじめ、その他の非常勤職員の見直しを図ります。職員数は現在92名で自然減に見合って漸減しますが、ほかにも職員派遣や新規採用者の調整などで財政圧迫を軽減します。モデルでは特別職給与30％減、一般職給与15％減、非

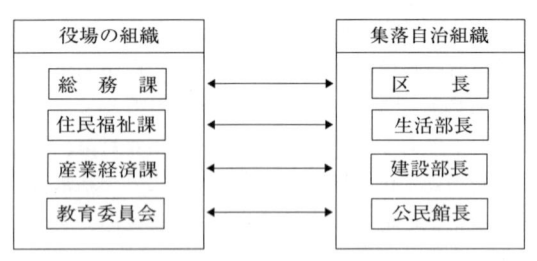

```
┌─────────────────┐         ┌─────────────────┐
│   役場の組織    │         │  集落自治組織   │
│ ┌─────────────┐ │         │ ┌─────────────┐ │
│ │ 総 務 課    │ │◄───────►│ │ 区   長     │ │
│ ├─────────────┤ │         │ ├─────────────┤ │
│ │ 住民福祉課  │ │◄───────►│ │ 生活部長    │ │
│ ├─────────────┤ │         │ ├─────────────┤ │
│ │ 産業経済課  │ │◄───────►│ │ 建設部長    │ │
│ ├─────────────┤ │         │ ├─────────────┤ │
│ │ 教育委員会  │ │◄───────►│ │ 公民館長    │ │
│ └─────────────┘ │         │ └─────────────┘ │
└─────────────────┘         └─────────────────┘
```

図2　村の組織と自治組織との関係（イメージ）

常勤特別職報酬30％減を想定しています。

　歳入面では、受益と負担の原則に立って、公共料金の見直しや受益者負担金のあり方についても検討しできる限り自主財源の確保に努めます。このほか各特別会計をはじめ、公共施設の管理運営や公益法人、第3セクター等についても、経営のあり方を見直していかなければなりません。

(3) 住民と行政の課題意識の共有

　11月の下旬、これらの将来像モデル案を示し、3会場で住民対話集会を行いました。住民からは「議員、職員数を減らし給与も減らすが、今まで以上に元気を出して、仕事をしてもらうことが必要だ。職員意識をどのように啓蒙していくのか」とか「ごみ処理経費を3割減らしたいと言うが、具体的に説明をされると住民も協力するのではないか」などの意見が出されました。中には「地理的な条件から隣町との合併は考えられないか」といった意見もありました。どの意見も自分たちの村の将来を真摯に考えていることの現れであり、貴重な意見です。また、職員も自分たちで議論をして、モデルづくり作業をしてきており、こうした中で住民と行政の課題意識を共有していくことが必要だからです。

　今回の集会だけでなく、各集落や団体等から要望を受け、話し合いの場を設けてできるだけ意見交換をし、より良いモデルをつくりたいと思っています。そして、議会とも協議して来年の1月中には村のめ

ざす道を決定します。

　今、確かに町村はその存立さえ危ぶまれる厳しい場面に立たされています。しかし、いずれの道を選択しても住民にとっては、この地域が最高の場所であり、自分たちの力で未来を切り拓いていかなければならないことは事実です。

（4は、地方自治職員研修507号（2004）から転載）

（4）　栄村将来像モデルは、2004年を初年度とする5ヵ年計画で2008年が最終年である。現在までの若干の実績と主な修正について補足したい。

①　田直し事業は、農家の評判がよく2007年現在85％の農家で実施した。1,414枚の棚田を514枚に、面積で46.20ヘクタール整備、農地基盤が揃った結果12集落で稲作の共同作業が行われている。総事業費は1億7,500万余円で10アール当り事業費は約38万円で、目標限度額の40万を少し割っている。

②　道直し事業も好評で2003年事業開始以来2007年現在、55路線9,298mの改良を行っている。この結果、午前7時30分頃までに集落内道路の無雪化が実現した。事業費は2億9,100万余円で、㎡当り約1万円でできている。

③　行財政改革もほぼ計画どおり推移し、最初年度の財政規模は26億余円で、保健・医療・福祉・克雪対策・教育の重点行政分野について、住民の要望に応えるとともに目標としていた財政規模22億円を上回ることが確実である。

　因みに財政健全化法に基づく財政指標のうち、実質公債費比率は19.7、将来負担比率は78.6である。決して安心できる数値ではないが1両年中には更に好転する見込みである。

　行政改革はほぼ計画どおり推移しているが、教育長の非常勤化は取り消し、教育行政の充実と教育活動の向上を期することにしている。

参考文献

吉田邦彦『居住福祉法学の構想』東信堂（2006年）
渡辺洋三『法社会学と法律学の接点』日本評論社（1989年）
西村健一郎『社会保障法』有斐閣（2003年）
三澤勝衛『風土産業』信濃毎日新聞社（1941年）
高橋彦芳『田直し、道直しからの村づくり』自治体研究社（2008年）
　〃　　『田舎村長人生記』本の泉社（2003年）

第7章 ケーススタディ(その4):
鳥取県三朝町・智頭町の場合
——変革は遠いところから

鳥取大学名誉教授　霜田　稔
鳥取県地域自立戦略課　岡崎博司
智頭郵便局　松嶋　進
北海道大学　吉田邦彦
司会:日本福祉大学　野口定久

野口(司会):シンポのテーマ(副題参照)には「弱いところ、小さいところ」変革をしていくところ、つまり中央というよりは、遠いところからして行こうというのが、居住福祉の思想の根底にあるところかと思います。ではまず、私の方から今日のシンポの進め方についてお話します。まず、私自身山間地域をどう位置づけているかということを居住福祉の視点から少しお話をさせていただいた後、各シンポジストの方々から15分ずつ順番にお話をしていただきます。そのあとフロアの皆さんから質問をいただき、最後にまとめのコメントをしたいと思っています。

　まず始めに私の方から「中山間地域再生の思想と実践」というところを説明させていただきます。今日の、またこれからの地域社会の状況は、超高齢少子人口減少経済縮小社会の到来だろうということで、中山間地域再生の課題としては、伝統的な文化財の復興、町並みの復興、観光やエコツーリズム、高齢者が住み続けられる住居と町の公共空間を作り出していく、それから地場産業と情報や知識産業の融合であろうと思います。それから、従来は生産機能を町に作って、生活機能を周辺においてきたという町の作り方から、生活機能を軸にしてそこに生産機能を改めて作りあげていくという。そして、総合的に地域

で解決していく仕組みづくりということであります。

それから、介護や子育ての共同作業の組織化、租税が市民共同への財政へという、こういう風に考えております。自然と人間の共生領域ということで、特に生態系と人間の社会システムである中山間地域(それは工業化や近代化の中で分離して限界領域となっています)が天変地異の被害にあっている。限界領域のところが壊れ始めてきているというところで、どのように生態系と人間の社会システムを調和させていくかということで、この方法論がいま求められている。だから、この中山間地域に今着目しているわけです。

われわれが山形県の最上町で取り組んでいる研究では、2005年地域福祉政策の長期ビジョンを立てることによって、25年後、あるいは30年後の町の姿を描いてみようという逆の発想をしています。私どもは「持続可能な集落」というのを中山間地域の生活機能を維持していくときに、今までは人が集落から出て行ったという経過があります。それは、集落に生活をする機能がなくなったから人が出て行ったわけで、それを逆に集落に生活維持機能を残して、そこに高齢者や他の人たちを、残そうと。これは持続可能な集落コミュニティです。これは3つの要素から成り立っています。

1つはソーシャルキャピタルで、地域のネットワークを再生してはどうだろうかと。2つめは健康寿命です。最上町では90歳ですが、三朝町では町長の言うように100歳で。これは最上町の場合にはウエルネスプラザという地域包括の拠点があって、地域包括支援センターや、小規模多機能施設や、集落ごとの在宅ケアのサポートシステム、これを構築していくという。3つめは公共経営なんですけど、これは公共のセクターや住民のセクターや民間のセクターが共同して例えば最上町の場合にはコミュニティバスを全集落に1日1本走らそうという。これを共同の経営ということで走らそうというときに、どのような共同の方法があるのか。これら3つの要素をもって、持続可能な集落コミュニティを作ることによって、中山間地域そのものを再生させていこうという考え方であります。

第7章 ケーススタディ（その4）：鳥取県三朝町・智頭町の場合

ここまで私どもの今回の趣旨につきまして説明をしましたが、このあとそれぞれの方に実践や研究に即したご報告をしていただきたいと思います。

霜田：受け止め方によっては鳥取県なんかは全部中間地域なんじゃないかなあと受け止めてしまいますが、多分そうじゃなくて、もうすこし倉吉や鳥取や米子って言うのは町であって、その周りにあるところがみんな中山間地域かなと。そういう定義でいいかなと思います。特にその中でも三朝は温泉のある集落と山奥の集落の部分では、相当違った様相を呈しているのではないかと思います。智頭町もそうだと思います。

私は鳥取に来て6年ぐらいになりますけれども、ここでいろいろやってきたことを考えますと、一つは中心市街地の活性化です。これは現在鳥取の湘南でようやく出来上がって、いろんな市民団体が芽を吹き出しているというのが今の鳥取の状況だと思います。今までは行政主導型の町づくりだったんですけれども、鳥取の中心地はどうやったら住民主導型に変わるかという担い手の部分が出てきたかなというのが現状です。まだ出来上がったというわけでは全然ありません。

住民の皆さんと一緒にやったこととして、三角公園があります。鳥取の中では住民参加で一番うまくいったプロジェクトではないかと思います。今日の議題であります中心市街地の地域福祉、あるいは居住福祉の具体化を今どうしようかと思っています。

結論から先に言いますと、問題は、ケアする人やネットワーカーではなくて、事業主です。土地と資産を持って、そこで何かをやっていこうという人を見出すことが大きな課題です。

福祉を含めた事業体を作る事業主をどう発掘してわれわれがどう支えていくかということがひとつ大きな議論になっています。

八東町の柿原という農村集落があります。ここは居住福祉という議論をするにはもう手遅れです。廃村になる寸前です。住んでいる方はゼロで空き家だけが6件残っています。どうやって守るかというと、

これはどちらかといえば民家の維持再生という視点になります。智頭町の川原の空き家をどうするかという問題もあります。

野口先生のお話にもあったと思うんですが、鳥取なんかをみますと介護保険制度が始まって、各町村別にかなり大きな施設が出来上がっています。しかし居住福祉ということになりますと、そこに住んで、最期まで全うしようということになると思います。少々介護が必要になっても出来る限り今住んでるところで最期を迎えたいと思っても、なかなかそういう体制は鳥取にはないと思います。ある程度介護が必要になると施設に放り込んでしまいます。今は介護保険制度が出来て第二の段階、いわゆる施設型介護というのが出来上がったところです。次は、居住福祉の段階で、在宅でそこで頑張ってやってくんだと。相互扶助も含めた地域・居住福祉が第三段階ではないかと思います。

結論から言いますと、できるだけ小規模で複合型で多機能の、場合によりましては特産品を作ったり、生産も出来る複合的な能力を持った施設を作ろうと言うことです。

私は、地域福祉のNPOを立ち上げ、そこの理事長をやる予定ですが、今まで町づくりを中心にやってきたので、福祉のことはよく分かりません。しかし、これからは福祉とまちづくりがもっとつながらなければいけないと思います。NPOやボランティアという組織はミッションがはっきりしているものですから、なかなかヨコのつながりが出来にくいのです。

集落コミュニティの上ぐらいのところで小規模多機能施設を展開できないかと思っております。これは村おこしだけではなくて、中心街でも同じで、住みやすい町をどうするか議論をしてみたんですが、元気な人は先のことをなかなか考えにくいみたいですね。自治会・町内会をいかに支えるかということは、これからのNPO・ボランティアの活躍の仕方に関わってくると思います。

米子に、商店街の民家や喫茶店を活用したグループホームだとか、デイサービスだとか、相談窓口だとか、それが全部集まった包括的な建物があります。これは地域性をもった唯一のものじゃないかと思い

ます。なぜ成功したかというと、商店街の人たちが積極的に受け入れたからだと思います。商店街の再生はお年寄りをどう集めるかと考えたからではないでしょうか。この取り組みは全国的なモデルになると思います。

　鳥取はいろんな施設介護は進んでいるけれども、本当の意味で居住福祉は進んでいるのだろうか、と思います。そのためにはまだまだ体制を整えなければいけないのではないでしょうか。そこに飛び込んでいろんなノウハウを学ぶ若い人材を発掘し、育てなければいけないとつくづく思っています。

　そこで、一つは地域福祉のプランニングをやらなければいけないと思います。いろいろな組織で計画があり、合併もあり、なかなか計画が立てにくいと思います。町内会という自分たちで計画を立てていこうという動きがなければならないと思います。さもないと、どんどん廃村になる地域が出てくると思います。

　早くやらないと、集落が崩壊するという危機感があります。高齢化率50％を超えている集落も三朝町にたくさんありますので、本当に急いでやらないと集落が崩壊してしまうと思います。

野口：霜田さんのお話は、今のこの時期に、地域再生の方法論を出しておかないと、だめなのではないかということでした。とくに、町内会やボランティア組織や集団をどのように結び付けていくかが重要で、住民や町村単位で地域福祉を補完する人材を育てていこうということであったと思います。

　次に、智頭郵便局の松嶋さんからのおはなしです。

松嶋：皆様こんにちは。私どものやっている地域福祉の実践を紹介させていただきます。ひまわりシステムの誕生の経緯をお話させていただきます。誕生は、平成6年の8月になります。智頭町・郵便局まちづくり協議会が、年に1、2回開催されていました。これは半ば形骸化しておりましたが、町民に喜ばれる行政の実現にはどうしたらよい

のかという話がありました。郵便局の若手職員を集めてプロジェクトチームを作ってはどうかという話になりました。この意見は、役場にとっても郵便局にとってもよいお話でした。行政の中でも交わることのなかったところと、話し合いを持てることになりました。プロジェクトチームは役場から5人（総務、地域開発、福祉課）、郵便局から4人選出されました。役場は、智頭町内から通っている職員、郵便局からは、智頭町内外から通っている職員でした。郵便局智頭町役場まちづくり協議会からは「やるからには、企画書を出せるようなものを作ってくれ」といわれました。私たちは、そのような作業をしたことがなかったので、どういう風にしていこうかわかりませんでした。

プロジェクトチームは、まちづくりプロジェクトチームとして、郵便局智頭町役場まちづくり協議会の下部組織で、月に1回2時間という時間制限をもって会合に望みました。その2時間という短い時間で集中した会合をするということでした。方法は、壁に模造紙を貼り、メンバーから提案や話し合いをし、書記が、出た意見を模造紙にすべて書いて、後日清書して各メンバーに渡すというやり方で、会議中には一切メモをとらないようにしました。

2回目の会議は、地域に喜ばれるために何をしたら良いのか、私たちの仕事を楽にできる方法はないかということを話し合い、30数項目でてきました。そこから、すぐ実行できるもの、もう少し時間をかければ実行できるもの、実行困難なものに分けました。そこで「ひまわりシステム」は、時間をかければ実行できるものに分類されていました。まちづくり協議会から、「これを早めに実行したらどうか」と指摘をうけ、実行に向けて取り組むことにしました。

プロジェクトチームでは、いかにしてひまわりシステムを立ち上げるかということを話し合いました。智頭町には5つの谷があり、その谷と谷をつなぐ橋・道路がありませんでした。そのために生活が不便でした。プロジェクトチームが調査を行い、お年寄りの方との話で、生鮮食品や生物以外は需要がないということが分かり、システムづくりを考案しました。システムづくりは、大変複雑なものを考えており

ましたが、単純なものにしていきました。たとえば、病院に薬を貰いにいくにもタクシーの往復で4,000円かかってしまうという問題を、解決できないかと調査にました。病院の薬を郵便で送れないかと考えました。そこで、鳥取県の保健所に「郵便で薬が送れないか」と問い合わせました。送ることは可能でしたので、早速病院に連絡しましたら、薬は2週間なら出せる、ものによっては4週間出せるということでした。

　私たちは自分たちが作ってくれたものを中央郵便局などが認めてくれたということ、きめ細かくプロジェクトチームが法整備をしたということで、現在、10年間続いています。

　現在、システム利用者は28人です。一番多いときには34人でした。利用者が減った理由は、JAや社協が移送サービスや配達サービスをはじめていることがあげられます。お年寄りの方は1人になると会話をすることがすくなく、郵便局員がいって少しでも話しするというシステムをつくりました。郵便局員がやりがいをもって、毎日積極的に出向いています。今はパソコンで役場、社協、郵便局、介護支援センターを繋いで、お年寄りをケアできる仕組みを作っています。

野口：次に、鳥取県企画部地域自立戦略課の岡崎さんからのお話になります。

岡崎：こんにちは。中山間地対策を根本的に考え直そうと、5年前に過疎中山間地対策振興室を設置しました。農林水産省は10年間過疎・中山間地対策をやってきましたが、幸せになった集落はひとつもなかったのです。それは政策に欠陥があったと思います。片山知事が農林省ではなく、企画課で過疎中山間対策振興室を設置（初代室長は岡崎氏）し、対策をとっていきました。

　まず、従来の補助事業を全部廃止しました。補助事業で幸せになった集落はひとつもないのです。その中で、三朝町の中山間の活性化交付金をつくったのです。2,000万円までは県がだしましょう。あとは、

みなさん(市町村)がご自由に使ってくださいということでした。この時期に非常に大きな問題がありました。この説明をしたときに、市町村職員の勉強会から「県が路頭に迷ったら、市町村はどうするのですか?」といわれたのです。今までのやり方でなく、補助率は市町村で決めて、その2分の1の財源を保険しましょうというと、「困る」というのです。なぜかというと、ほかの町村とのバランスが悪いというのです。おかしいことをいうと思いました。

　県庁のお話に移ります。農林水産省から文句がでました。なぜ企画課がするのだということをいわれます。中山間地施策の中で、今まで成功したものがなければ全部やめてしまおうということです。担当が替われば、いうことがコロコロかわるのです。私は地域座談会を1年間で180箇所回りました。いつも夜です。しかも土曜・日曜しかいないのです。そうなったときに夜まわることにしたんです。いろんな話をすると、その地域から知恵がどんどん出てくるのです。

　「国が県のことをわかるはずがない、県は集落のことをわかるはずがない」という私たちの前の発想だけど同じ政策をするわけです。それではだめだということで交付金制度をつくりました。いきいきと交付金でやられているところ、もうじき集落がなくなるところなどいろいろあります。「標準化施策をするな、国と一緒のことをするな」と注文されたことがあります。村によって年齢構成も世帯数も違うのです。そこで同じ農業施策をすすめても、誰もついてこないわけです。いろんな形態があるわけで、標準化を押し付けないように注意しました。

　私は農村という言葉があわないと思います。中山間地という言葉も疑問に思っています。専業農家の方は10人いません。構造形態がかわってきているんです。その中で農業政策をしていっても何にもできないんです。

　たとえば、農村といわれると、サラリーマンのかたが引いちゃっているんです。それならここは農村といわないのではないか。

　2つめに、年寄りの方を早めに引退させてしまう。そうなったとき

第7章 ケーススタディ(その4):鳥取県三朝町・智頭町の場合

に何をするかというと、多分病院で日向ぼっこですね。事例を申しあげます。1つの地域で、高齢者率が80%をこえました。そこの村のおばあちゃんが私の職場に来まして、「村が元気にならないのか」といってきました。そこの座談会に行きますと、若い人ばかりで年寄りがくることを恥ずかしいと思うんですね。元気なのに、無理やり引退させて、年寄りは病院にいくしかなくなっている。地域が病人をたくさん作っているんだと思いました。だからおじいちゃん、おばあちゃんがんばって、畑仕事をそれぞれしようよと。鳥取県版の寄合(ワークショップ)を作りたいということでしたんですが、なんと県外からお客さんが来たときに、おばあちゃんの格好が派手になったり、口紅は塗るわ。おばあちゃんに「今日は病院に行く日じゃないのか」といったら「いっている暇なんてないわ」といわれました。そういうことが、結構私たち地域の中にありました。

3つめ、一番コミュニティがはまっているのは中山間地です。60箇所でワークショップをしました。隣の家が何する人かって知らない人もいるんですよ。また嫁いだ嫁さんが20年間ゆっくり集落を歩いたことがないといわれていました。そんな状態でコミュニティがたもてるわけがない。わたしが住んでいるところでは、私たちが年寄りのうちの雪かきをやっています。町内会で決めて行政に頼っていません。しかし、話した集落ではコミュニティは育つはずがないと思いました。

ワークショップをやっていますのは、そういうコミュニティをもう1回とりもどそうということなんです。そういったことで以上のような交付金事業をやっています。

自立というのは、地域をよくするために何とかしようと作ったのですが、なされていません。地方分権も、たとえば分権を委譲する場合には、受け皿としての自立がなければなりません。だから金をくれといっても受け皿としての県・地域が自立しなければいけません。足元をみたときに、それができているとは思えません。

そういうことを踏まえて、県がいろんな地域に色をつけるのではなくて、地域の方に考えていただく、ということで、自立支援交付金と

いうのが新しく出来ました。その中で市町村が買うもの、直接個人・企業が調達してでるもの、いろんなものを作っています。鳥取県の場合だけ申し上げますけれど、鳥取県の110の集落にアンケートをとりました。そのときにいったのは、「福祉関係では中山間地のほうが進んでいる」ということがわかりました。鳥取の病床数より、田舎のほうが病床数が多いのです。では何が問題なのかというのが今日の議論だと思います。私は、それに関して何かというと「コミュニティ」が根本的に欠落しているのかなと思います。それと住んでいる方々の意見がはっきり聞こえてこない、それなのに周りの人たちが勝手に動いてしまうということが多々あると思います。私がよく行く集落には、目標の中で結構無理なことばかり決めてしまう。一つ一つ皆ができることをやっていこうというのが一つの目標です。皆がやるものについては全員が一生懸命やる、これはあくまでもここまでしかやらない、いろんなパターンがあると思うのです。

　私たちは現場を歩いて、意見を聞いて、おかしいではないかということを話し合っております。

野口：どのように受け皿である地域コミュニティがこの制度を活かしていくかということが今後問われていくと思います。

　それでは、北海道大学の吉田さんから全国の動向も踏まえてお話頂きたいと思います。

吉田：北海道大学の吉田でございます。私は、科研費でこの研究を早川先生と共同研究のつもりでやっているわけですが、いつのまにかその流れで、居住福祉学会の副会長をやることになっています。

　研究者というものは、「流行にのるな、時流にのるな」というのは早川先生の持論かつ口癖なのですが、研究者は孤独じゃなきゃいけない、内発的な問題意識に支えられて研究しなければいけない、自分の学問の世界をつくらないといけない、そして社会的要請に答えるものでなければならないと仰しゃっていて、私自身も強く共鳴いたします。

第 7 章 ケーススタディ（その 4）：鳥取県三朝町・智頭町の場合

　私は北海道大学で民法を担当しているわけですが、民法を専門としつつ中山間地の問題、地方自治の問題をやっているのは——全国民法学者 1,000 人くらいいると思いますが、その中で——私ぐらいだと思います。私は内在的な、ロジカルな必然性をもってどうしてこのようなことをやっているのかをまずお話をいたします。

　民法というのは、大きく所有の世界、契約取引の世界、家族の世界、3 つくらいに分けられます。私は居住福祉一筋でやっているわけではありませんで、ここ 10 年余りは、所有の問題について、身体所有（人工生殖・臓器移植の問題など）や環境の問題、情報の問題ということをアメリカでの研究を通じて進めてきまして（『民法解釈と揺れ動く所有論（民法理論研究第 1 巻）』（有斐閣、2000）、『契約法・医事法の関係的展開（民法理論研究第 2 巻）』（有斐閣、2003）参照）、いちばん厄介な問題だなと思ったのが、居住の問題だったのですね（そしてやり残しの居住の問題について、最近発表したものについては、『多文化時代と所有・居住福祉・補償問題（民法理論研究第 3 巻）』（有斐閣、2006）参照）。しかしこれまで民法学者の通常の議論の仕方では、単に借地ないし借家の問題だけに止まっていたのですが、それではだめだなと思いました。居住というのはもう少しトータルに、そこで暮らす人の雇用の問題、医療・福祉の問題、あるいは子供の教育の問題、消費生活の問題、そういったことを包括的に捉えて、地域の居住生活全体について取り組まないといけない。そう考えると地方自治の問題ということにぶつからざるをえなくなりました。

　一昨年まで、ハーバードで 1 年間 3 度目の留学（2002〜2003 年）で、地方自治の問題について、最先端で活躍している先生（フルッグ教授）から学んで、都市問題、住宅問題、そして地域的な連携の問題について多少の学びをつんで、そしてその成果を少しずつというつもりでここに立たせて頂いているわけです。そして何故今回鳥取に参ったかと申しますと、一度「ひまわりシステム」で有名な智頭町を訪ねてみたかったのでありまして、昨日早川先生とともに、行って参りました。三朝町のことは、よく知らなかったのですけれど、今日お昼に吉田秀

光町長とこの町の最近の取り組みのお話を伺いまして、大変感銘を受け、さすがに、片山知事（当時）が薦められた中山間地のまちづくりの格好の研究地だなあと思っているしだいです。そして、中山間地の居住の問題というのが危機的状況にある。つまり民法学者が発言すべき社会的要請がものすごくあると思います。

　２番目にお話をしておかないといけないのは、民法学者の大方の人は、重箱の隅をつっつくような技術的・瑣末的研究ばかりやっているのですね。しかし、現在は社会的動乱の時期です。そうした場合には、高度成長期はあまり考えなくて良かった社会ビジョン（社会編成原理）というものをしっかり持っていないと昨今の大きな渦に巻き込まれ、押し流されてしまいます。すなわち、規制緩和、構造改革の波、そういうものにどういう風に対峙していったらよいのか。地方自治の問題ですと、地方分権とか最近の平成大合併のうねりという問題にどう対応するのか、といったことには、広く財の再分配が関わるという意味で、所有スキームが問われているという意味で、民法学者としても発言が求められているのではないかと思うのです。つまり、一昔前の一元的な中央集権的な福祉国家の社会編成原理では立ち行かなくなっている。重層的に各地で地方分権的なローカル・ガバナンスの意義が問われるようになっています。地方自治体のみではなく、地方自治を支えていくための草の根の中間団体いうものが重要なのでしょう。そしてこれは、民法学者が団体法の問題として議論すべきことなのでしょうが、アメリカ法の状況と比べましても、従来手薄な分野なのです。最近ではボランティア論に注目を集めて、中間法人法制定などで議論が出つつあるわけですけども……。

　ここで、少し付け加えないといけないのが、「地方分権」という用語の使われ方がミスリーディングだということです。「地方分権」というのは、本来的には、トックビルが指摘したようなアメリカ的なローカルデモクラシー、健全な地方の住民自治、地方内発の草の根のイニシアティブによる自治というものであり、それには賛成するわけです。しかし、わが国では昨今同じ言葉〔地方分権〕が、リストラを

第7章 ケーススタディ（その4）：鳥取県三朝町・智頭町の場合

伴う財源委譲を主とした、余計なものにお金をかけない、そして地方が自己責任の時代だから、勝手にやりなさいといわれている。それで何かスルッと通ってしまってものすごい合併の動きが進行している状態なのですね。しかも、合併特例債、それに関わる地方交付税の活用（それによる従来式土建国家的な財政による「箱物建設」ラッシュを生んでおり、これは、シャウプ勧告以来の地域間格差是正という財の再配分という本来の地方交付税の使われ方と大きく異なることは、明らかです）が進められているわけで、これは、全く本来の地方自治ではなく、むしろ逆に住民から遠い地方政府を作り上げていく動きで、地方自治の精神に反するものだとも思うのです。先程「自立」という話がありましたけど（これも最近好んで使われる言葉です）、しかし他方で、コミュニティも大事だとも言われましたね。自助・共助、そこまではよく言われるのですけども、しかしそれを支えていく「公助」の役割というもの、これを育てられないものかと片山さんもいわれていたことと思います（日本居住福祉学会編『知事の決断』（京都修学社、2004）113頁など参照）。

そこで、中山間地域の再生の実践例の類型論の話に入っていきますが、もう少し現在訪れている鳥取県に即して、具体的に補足いたしますと、①「福祉のまちづくり」に関しましては、智頭町がいい例で、（郵便局と、役場、さらには、農協・病院・警察などの横断的・水平的連携システムであります）「ひまわりシステム」を昨日案内していただいたわけです。現在では、日本全国の200以上もの地方公共団体で、「ひまわりサービス」という形で浸透しているとのことです。しかし、これも構造改革の波の一環である郵政民営化のあおりで、せっかく定着した居住福祉が低下しなければいいが、と心配しています。次に②「内発的発展型まちづくり（とくに観光地型まちづくり）」、③「農業再生型まちづくり」、④「景観型まちづくり」、⑤「災害復興型まちづくり」と列挙いたしましたが、最後のところに関しましては、先月（2005年1月）長岡市にお訪ねして研修会を開きました。中越地震の被害からの復興に血眼になって活動されている山古志村の方と一緒に、

社会的要請にこたえられるような民法学でないといけないなと思い、論文なども出させていただいたわけです(「新潟中越大震災の居住福祉法学的(民法学的)諸問題——山古志で災害復興を考える」法律時報77巻2号(2005年))。

ところで、⑤(「災害復興型まちづくり」)に関しましては、ここ三朝町でも、1998年10月に集中豪雨に襲われて天神川が氾濫している。それによって、三朝でのこの企画の縁の下の大黒柱である高見昌利さん(三朝町地域振興課長)の自宅は全壊したのですが、それに対しては、従来の住宅補償否定のドグマから何もなされなかったという苦い経験があるのですね。そしてその後、片山さんが1999年4月に鳥取県知事に就任され、三朝町にある中部ダム建設を中止させるという(2000年4月に知事が決断し、同年8月に旧中部ダム対策協議会が立ち上がり、2001年6月の地元との合意がなされます)環境問題として象徴的なイベントが起こったわけですね。そして無駄な公共投資ではなくて、そのお金を住宅災害等の補償に当てる。そしてまちを再生させるという側面がありました。主に、国土保全・環境重視型に根ざしているまちづくりというわけです。

それから先ほど岡山大学三朝医療センターの谷崎勝朗前院長からのお話がありましたように、当地は、人形峠のウラン鉱脈との関連で、全国でも珍しいラドン温泉ということで、温泉療法による福祉のまちづくり、観光地型まちづくりなど色々お考えになられているとのことで、これなどは、②のタイプのまちづくりでありましょう。その際に、全国から療養に来る方の集客とともに、地元の人の居住福祉との関係はどうなっているのかなということにも関心があります。さらには、ここには、三徳山三仏寺の投入堂という8世紀以来の国宝の建造物を擁し、歴史的文化・景観もまちづくりの一つの核になるのかと思われます。

「地域再生の担い手」、「市町村合併のメリット、デメリット」は、討論の中でお話しすることとしまして、結論及び「地方自治政府が担う『公共性』」をお話したいと思います。ここでは、地方自治体

第7章 ケーススタディ（その4）：鳥取県三朝町・智頭町の場合

（ローカル・ガバメント）が——それは、団体の一部なのですけど——が担うパブリックな部分はどういうところにあるのか、ということを考えてみたいのです。これは本シンポの標題の理念的な部分に対応することになると考えます。

第1に、居住福祉資源としての「コミュニティ」が大事かなと思います。それは、地方では様々な要因で、その空洞化が進んでいるからです。例えば、過疎高齢化によって離農が進んでいる。グローバル化の波により、森林が荒廃している、沿岸漁業が衰退している。昨日訪問した智頭の町は、サントピア（杉源郷）ということで杉の景観に注目した美しいまちづくりがなされているということでして、杉の木がいっぱいあるわけですが、グローバリゼーションの波で、荒廃しているのです。いかんともしがたい状態で、単なるローカルな問題の域を超えた全国規模のパブリックな問題ともいえるのです。

第2に、中山間地の問題の全国的公共性ということに留意しておく必要があります。例えば、中山間地域の直接支払い制度は、新農業基本法（平成11（1999）年法）35条に基づき、翌12（2000）年から発足しておりますが、これは、中山間地の運営が、日本全体の問題としての公助の問題、つまり、地方のローカルな問題という形で考えるのではなくて、全国規模的な財の再分配といいますか、そして弱いところにお金を補助するという制度的スキームを提供しているものとみうるのです。今の風潮は、わが国では補助金というと目の敵にされるのですが、アメリカで、貧困地区の再生の現場を色々とみてきたわけですけど、そこでコミュニティ再生団体を支えるものとして、補助金は非常に大きな意味を持っているわけです。ひも付き補助金というのは良くないですが、良い意味での補助金というものを棄ててはいけないと思うのですね。そのほか、地方の街中をいくと「シャッター通り」というものも規制緩和の時代の裏の側面としてあったりします。このような危機にさらされているコミュニティをどう支えていくのかは、重要な問題になっているわけです。

『ひまわりシステムのまちづくり』という本があります（日本・地

域と科学の出会い館編（はる書房、1997））が、そこでは智頭町のひまわりシステムの意義として、手間暇かけてコミュニケーションをはかる（「心を通わせる」価値）が大きな意味を持っていることが指摘されています（61-62頁）。そういうものを、居住福祉の観点から理論的な補強をしておくということが大切かなと思います。

なお、民法学の領域などでは、団体主義・コミュニティ論というと悪者のように言われるのですけど、これはおかしいと思うのですね。つまり、コミュニティを維持・補強するということと個人主義とは両立するわけで、個人主義を支える意味でのコミュニティは大事かなと思うのです。問題はわが国において個人主義が根付いておらず、横並び的、付和雷同的（集団主義的）に意思決定がなされていってしまうという構造問題があるのです。つまり、本来の個人主義に立ち返り、己の頭で、己が集めた情報で主体的に考えるというのは大事なことなのです。それと対峙しているのが、集団主義なのであり、ここで議論している共同体主義ないしコミュニティの問題とは、異質の問題であることを押さえておく必要があろうかと思うのです。社会の中間団体という言葉自体は、結構論ぜられるようになっているが、その具体的意義というものに、本当に遅ればせながら光を当てる必要がある。そのためには自助・共助だけでなくて、公助を重層的に考えることが必要になってきているのです。そしてこれは、従来のトップダウンだけではよろしくなくて、もっと重層的にローカル・ガバナンスを考えていく、しかしいわゆる俗流の「地方分権」で、自己責任でお前ら勝手にやれよというのはよろしくない。長野県では、長野システムというものがあって、補完的・重層的な広域的な地方自治システムがなされていて、注目されていますが、そういった意味でのローカル・ガバナンス論があってもよいかなと思います。

時間が来ましたので、これでやめておきますが、地方自治政府が担うそれ以外の公共的役割としましては、多文化時代における異質な人びととの接触・そうした人びととの社会的な受容（social inclusion）、さらには、貧富の格差拡大の動きに対しての財の再配分を行うところに

第7章 ケーススタディ（その4）：鳥取県三朝町・智頭町の場合

あり、ここにおいて所有論と地方自治政府の問題とが接合するわけです。私がハーバードで地方自治を習ったフルッグ教授は、都市分析を通じてそのことを述べられたわけですが（Gerald Frug, City Making : Building Communities without Building Walls（Princeton U. P., 1999）115～)、これをわが地方自治のコンテクストで考えますと、例えば、①京都ウトロの在日集落の居住危機（強制立退き）の問題、②北海道二風谷のアイヌの方々の土地収用問題（自らの文化的基盤をつぶすようなダムの建設に取り込まれるしかないのか）に、当該コミュニティ、さらには、より広域の行政でどのように取り組んでいけるか、また、③北海道には、伊達市のような知的障害者のノーマライゼーションの先進地があります。そこでは、町ぐるみで空になった家屋を利用しながら、障害者の町への受容・包摂の動きが見られ、経済効果もあいまって、一つの注目すべきまちづくりの方向性を示しているのです。また、貧富の格差の問題でもっとも深刻なのは、④大阪市西成区などのホームレスの激増の問題ですね。これには残念ながら抜本的な対策を打てていないという実情ですが、これも当該コミュニティの問題（地元では、サポーティブ・ハウジングなど注目すべき動きがあることは、居住福祉学会でも昨年秋に研究会で調査したところです）であることはもとより、もっと広域的な日本全国的な構造問題、公共空間、公共住宅のありように関わる問題といえるでしょう。

野口：フロアからの議論がでる問題提起だったと思います。質問は数多くの方にして頂きたいので、3分以内でお願いします。

Q1：日本福祉大学大学院の後藤と申します。松嶋さんに質問です。ひまわりシステムの利用者に関して、社協、在宅介護支援センターが関わることで利用者が少なくなったということでしたが、利用者のお年寄りの立場から考えると、郵便局のお願いはがきを活用して、自らSOSをだすことであったりとか、移送サービス等の担当職員に話をするだとかということもありえると思います。そのようにお年よりりか

ら、だされた対応によって効果的にひとつのフィールドに出し合う必要があるのではないかと思うのですが、そのような機関をどこがやられているのかをお聞きしたいです。

松嶋：移送サービスによって、お年寄りの方が病院にもバスに乗らずに行ける（1回300円程度）。お年寄りがこれを活用されはじめたということで、薬の郵送サービスも少なくなりました。ひまわりサービスというのは、智頭郵便局経由とすることで、郵便局もその内容を把握することができるということになります。それを福祉課のほうにファックスをして、病院に連絡したりなどを行っています。

　買い物関係は、JAさんのほうへ送って、対応して頂くということになります。また、警察などとも協力して、様々な機関と協力してやっているということです。

Q2（早川先生）：岡崎さんに質問です。地震の際に、片山知事が先頭になって、300万円の住宅補助をだされていたんですが、この制度は中越地震などでもやられていないんですね。住宅再建助成の顛末がどうなっているのかをお聞きしたい。

岡崎：私も、鳥取西部震災2日目にいってきました。住宅復興自身を考えたのは私たちです。地震のときも、壊れた家屋でい続けるひとがいたんです。危ないから外にでてくださいといって、何で集会所にこないんだときいたら、一度でたらもう帰ってくることができないといわれました。それなら町独自で補助を400万円、財政調整基金を崩してやろうとしました。それを知事に相談しました。そうしたらヘリでとんできまして、状況を把握しにきました。そしたら何とかするから、1週間待てといわれました。中山間で住んでいる人たちは、1回出ちゃうと帰ってこれません。だから、そこにすむように家を作りたいと、私はそこに住み続けたいということで、システムをつくり、そこの人たちはほとんどの人たちが、帰って来られました。このような状

第 7 章　ケーススタディ（その 4）：鳥取県三朝町・智頭町の場合

況で住宅復興システムをつくっていきました。これは、教訓としていきています。三朝町、智頭でも行われています。

　今、住宅復興システムを各都道府県で基金を作ろうという話になっています。今後、中山間地にあうような復興支援にまでしていきたいと思っています。

吉田：私も居住福祉学会として昨年（2004 年）11 月末山古志村に行きましたし、今年（2005 年）1 月には、長岡市で山古志の行政の方とともに、研究集会を行いました。そのあと、川口町にも行きました。山古志村の人たちは 2,200 人、ヘリで避難して、当初は避難所へ、そして今も避難勧告は解除されずに、仮設住宅に入っておられることは、周知のとおりです。川口町の被災者の状況に一言いたしますと、仮設住宅に入りたくとも入れない制度になっていることでした。被災住宅の支援のメカニズムとして 2 通りあり、第 1 に、災害救助法に基づく、応急的な災害救助があります。第 2 に、被災者生活再建支援法に基づくもので、これは家を「解体」しないとお金が出ない。［その後、平成 19（2007）年暮れに改正がなされている。］しかし、前者（「第 1」）の住宅応急修理制度は仮設住宅に入ると支給されないシステムになっており、新潟県も同様の扱いにしています。川口町では、仮設にはいらずに、気温が零度近くにもなるのに、車庫などで暮らしている人がいるのです。それはなぜかというと、そうしないとお金がでないからなのです。それに対して、何も感じないのかということが、問われるでしょう。私は、川口町を行政の方に案内していただいて、これではいかにもひどい、由々しき居住福祉の人権問題だと思い、早速、泉田知事にせめて新潟県だけでも住民サイドの制度作りをしてくださいとお願いしておきました。

　また、細かなことですが、現場の方にとっては深刻な問題に、仮設住宅棟の間の幅という問題があります。これは、東京あたりで決まっているとのことです。川口町のほうでは、既に仮設住宅を建築する前から、それでは除雪ができないので、変えてほしいと要求されたらし

いのですが、東京のお役人は耳を傾けず、結局雪に仮設住宅がうもれてしまっている実情も目の当たりにしてきました。

　こうしたちょっとした例からもわかるように、地方政府というのは住民のそばにあったほうがいい。中越地震に関しても災害対策本部が新潟市よりも長岡市辺りにあったほうがはるかに現場の要請に適合した判断がなされるだろうという声も私は耳にしました。本来の地方自治は、住民の身近にあるべきものです。そしてそれはそれなりのお金がかかるのです。ところが平成の大合併というのは、人口を目安として、サイズをどんどん大きくしていき、本音のところは、リストラにあるのです。その結果として、政府が住民から遠くなり、周縁部では、過疎化がどんどん進んでいます。これは地方自治の精神に反すると思うのです。おまけに、総務省は、地方交付税を合併特例債に使っているのです。地方交付税というのは、地域間格差を是正するために重要なものです。その本来の部分は削られ、土建国家的な公共工事促進の非本来的地方交付税が増えているのです。それにマスコミが問題を感じないとしたら、問題です。

Q３（早川）：ひまわりシステムの利用申込書に「役場で審査する」とありますが何を審査するのでしょうか？

松嶋：これは、70歳以上などの年齢を審査しています。移送サービスがあるため、これを利用する人が多いので、はがきでの注文がすくなくなってきたということです。

Q４　愛知新城大谷大学　内山治夫：農業対策の問題点を挙げられていましたが、雇用の問題があると思うのです。農業が魅力的で若者が出て行かなければよいと思うのです。今回の農業対策も、従来のやり方と変わっていないと思うのです。このことに関して、どのようにお考えでしょうか？

Q5：これまでの報告の中では、集落自体が元気をだす、そのために援助しよう。ただお話の中だけで言いますと、県内で財政の再配分をしているだけという気がしたのですが、県の役割をどのように考えておられるのでしょうか？

岡崎：中山間地域に直接的な政策を考えてはいません。住む方が住みたくなければ住まなくてよいと思っています。農業を継ぎなさいという話がありましたが、今まで農業が楽しくて、うれしくて、こんなにやりがいがあるということは誰も言っていません。そこが問題です。鳥取ルネッサンスとしてやっていることは、政策の中で、地域の人たちが何を誇りにして住んでいるのかを把握して、柱にしています。新しい集落とふるい集落が一緒になっているところがあります。出た人を引き戻すのは無理なので鳥取県では、農業に魅力を持っている人たちに入って頂いて、それに補助する。

霜田：集落で残された仕事が、本来なら地域福祉なんです。そのような担い手が、皆、施設にいってしまっている。そこを考えないといけない。地域でも、コーディネーターなどを設置するべきだと思うのです。皆で能力のある人を探すことが大事だと思います。

　もう一つは、市町村単位の問題をよく知っていて、制度を良く知っている人間、いわゆるプロという人たちを採用しなければならないと思います。合併問題をみていると、それまで活力のある人たちが少なかったと思います。そのよい契機になればと思います。

　コーディネーターの活用、プロのネットワークが必要だと思います。鳥取県は一生懸命にやっていますが、民間などはそうでもない。福祉だけに関わらず、やっていかなければならないと思います。

吉田：岡崎さんに質問ですが、あまりよいイメージがない農業をやりたくなければ、やらなくてよいと言われましたが、果たしてそれで済むのかどうかということは問題ではないですか。中山間地の農業・林

業の問題は、環境保全・国土保全・景観維持、さらには、都市・農村の交流を通じた教育的・保養的役割があり、全国的な公共性があることは先に述べたとおりです。従いまして、これに対処する姿勢として、単に自主・自立に委ねるというだけでは足りず、「公助」と言うか、全国的・広域的な支援体制を考えなければいけないのではないでしょうか。やりたくなければやめればいいというのでは、過疎化は止まりません。何か農業を公共問題としてやっているような、意識・誇りを持たせるような意識改革、農業をやりたくなるようなインセンティブをもたらす制度作りがもっと問われているのではないでしょうか。

岡崎：根本的には、私たちがどんな政策をつくっても地域の人たちが一生懸命にならないと、意味がない。今までは、行政は、住民の自助機能を無視していたのです。そのためには財政的基盤だけでなく、人的基盤が必要だと思うんです。

松嶋：今日こうして、皆さんとお話しさせていただいて、やはり自分たちで物事を行っても、いつかは消えてしまうと思うのです。ある程度システムをつくって立ち上げたら長い間つづくのではないのかと思って動いております。

岡崎：霜田先生のいわれた、ヘッドハンティングは非常によい話だと思います。最終目標として、中山間地の雇用の問題であると思います。すこしずつ、それを実行している状態です。これが私どもの夢です。

吉田：地域再生の担い手の話ができなかったのですが、昨日智頭町を訪ねて、寺谷篤さんという那岐郵便局長（この方は、ひまわりシステムを考案された中心人物です）にお会いして話を聞いて感銘をうけました。寺谷さんは、組織論を学んでこられたわけではないと思いますが、実に的をついたお話で、日本の組織が弱体化している、それをどうにかできないかということでした。ひまわりシステムは小集団をたくさん

第 7 章 ケーススタディ (その 4):鳥取県三朝町・智頭町の場合

作る、それで水平型のネットワーキングということをいわれます(前掲『ひまわりシステムのまちづくり』45-46 頁)。郵便局が警察とかJAとか病院とかをつなぐシステムを考案されたのです。これは、直接民主制的回路、強い首長のリーダーシップとともに、今日のシンポでお話したある種公共的な中間団体論を考えていく際に実に重要なことではないかと思います。［しかし、郵政民営化により、――それまで全国的に広がった――「ひまわりシステム」は崩壊の危機に瀕して、居住福祉法学上由々しき事態となっていることも付言しておきたい。］

野口：今までの議論の中で、私の感じたことは、吉田先生が指摘されたような地方分権の中での公共性が問われていることだと思います。その 1 つがセクター論であって、公共・民間・住民市民のセクターの中で公共性という内実を作り上げているか。そのときの公共性というのは、自然とか、住宅、水、空気、これも中山間地で住み続けたいという理由で多いのです。これを私は共有財産だと思います。この保全のために、どこでやるのかというと、やはり山の奥にある 1 つの集落からはじめるべきだと思います。

　次に、そこに住んでいる人たちがそこに住んでいることへの誇りがキーワードだと思います。

(2005 年 2 月 11 日　鳥取県三朝町にて開催)

[寺谷　篤]

（付録）　地域からの挑戦

寺谷　篤

●智頭町での取り組み

　私は25年前に広島から智頭に帰った。眠っているような地域に対して発憤した。まず、杉の町であるということで「杉板はがき」を作ったのが一歩であった。活動の中で地域を活性化するとはどういうことなのか、地域を開くにはどうすればよいのか自問自答していたが、1988年鳥取大学工学部の岡田憲夫先生（現京都大学防災研究所教授）に出会い、先生に講師をお願いした。地域における「社会科学」の勉強を以来21年間、門前の小僧経を読む方式でやってきた。

　当初、私の活動のテーマとしたのは「社会システム」の構築をいかに行うかということであった。その後、杉万俊夫先生（現京都大学総合人間学部教授）と出会って「人間科学」をシステムの中にどう組み込むかを課題とした。その活動で生まれたのが「ゼロ分のイチ村おこし運動」と「ひまわりシステム」である。

●ゼロ分のイチ村おこし運動

　智頭で展開している地域づくりの運動である。それは無（0）から有（1）を生む住民運動である。住民が自分たちの地域の10年後の姿を描いて計画を作り、自らの一歩によって知恵を出し、汗を流して村おこしを行う、と謳っている。例えば、私の住んでいる早瀬という集落では、「ふるさと情報紙」が発行されているが、その26号に長石昭太郎氏（81歳）という初代の会長が「私の村がもしもゼロ分のイチ運動にめぐり会っていなかったらと時々想像してみますと、村おこし運動で流した汗の結晶として、現に存在するものが何もない。昔ながらの、どちらかと言えば、無気力、無計画、無感動の村の姿がよみがえってきます。」と語っている。

　ゼロ分のイチの村おこし運動は、地域の誇りを再発見する活動であ

り、地域経営・交流情報・住民自治の3つを柱に、住民自らが計画を作り、実行するという社会システムである。地域に「社会科学」を学ぶ場をつくったことによって、岡田先生が説かれた活性化とは覚醒化であり、覚醒化するには葛藤化と撹拌化の連続が必要である。ということを実感している。地域のテーマを求めていくことによってスパイラルの成長をみることができた。

　智頭町において地域住民が身近に社会科学を学習するという「小さな大実験」は、まさに現在進行形である。先般の市町村合併に対して3回の住民投票結果は僅差で合併であったが、単独の道を議会が選んだ。もしも、ゼロ分のイチ村おこし運動をスタートさせていなかったら、果たして単独を選んだであろうか。単独は苦しくとも自ら選んだ道である。

●新しい時代に向けて

　これまでは潤沢な資金をもとに公共事業を上手く誘導してくる議員や首長が「尊敬」された。しかし、地域づくりという視点に立つならば、そのような価値観ではどうしようもない社会状況となった。今こそ、頭を切り換えなければならないのだ。

　地方自治には行政自治と住民自治の2つがある。手取り足取りという行政サービスに限界があるということははっきりと見えてきた。すなわち、民主主義の根幹である。「住民自治」が問われている。

　そもそも、広域合併とは何なのか。広域合併を地域整理回収機構とまちがえているのではないか。市町村行政の経営責任を取らないでよいという合併論になっているのではないか。その妙なところに気づいていない。いや、気づいているが「見ざる・聞かざる・言わざる」となっている。

●智頭町での実践

　私は1983年、故郷の智頭町に帰った。智頭に帰った理由は長男であるということと、体を壊して広島での生活に見切りをつけたためで

ある。故郷に錦を飾るという言葉があるが、その言葉とは全く反対の焦燥の感で打ち拉がれて故郷に帰った。

広島に出て10年、故郷に帰って感じたことは、私が故郷を後にした10年前となにも変わらない。返ってますます閉鎖性を増した「智頭の規範」となって、時代錯誤もはなはだしい「山林を持った者」と「持たない者」の関係性が延々と続いており、山林を所有する者イコール有力者という図式から住民が解き放たれていないという現実であった。

資産があれば意見が尊重され、ない者は寄らば大樹の陰を決め込んで、全てのことに対して依存し、物事すべからく世間話として批判しておれば良いという智頭町民の持つ惰眠の姿勢に強い憤りを覚えた。

私は体を壊して帰郷したにも拘わらず、どうせ短い一生、子供に財産などなにも残せない、私の生きる姿勢を少しでも感じ取るだろうと考え、それから25年、故郷の智頭を人生舞台にして二度とできない実証実験に挑戦した。そして、それらの活動の中から多くのことを学んだ。

日本居住福祉学会の吉田邦彦教授（北海道大学大学院教授）に、寺谷の行動の基としている「考え方」や「物の見方」を書いてみろとアドバイスをいただき、何か、お役に立てればと思い整理してみることにした。

●A×B＝Cの方程式

いきなりそれはなんかいなといわれそうであるが、この方程式を使うと今世相で起きていることが理解できる。

Aとは従来から存在する既存の規範であり、Bは従来と全く異なる新しい規範、つまり、異質な規範を表す。ここで問題になってくるのがA－Bでもない。A＋Bでもない。また、A÷Bでもない。A×Bが味噌である。

大概人々はこれまでなじんできたA規範に対しては何も違和感は持たない。しかし、異質なBという規範が存在することを知った途端に

拒絶反応を示し、曖昧にうまくB規範をA規範に見せかけに取り込んでいくか、あげくのはてにはB規範を割愛してA規範に馴染ませていくのが落ちである。これでは結果として出てくるのはAB規範の類似系にしかすぎない。

Bという新しい異質の規範の存在を切っ掛けに、ここでAでもない、Bでもない、Cを創造するという考え方を持ったらどうか。物事をせっかくの機会と捉えれば、Bをヒントにして偶然を必然に切り替えることもできる。これまでなじんできたA規範を見直すこともできる。Aに捕らわれ続ける限り何も新しい創造は生まれ得ないのである。

Cという創造的目標を持つことによって、Aを足がかりにBにステップし、Bを足がかりにAをワンステップさせる。ステップ・バイ・ステップしながら、集団はABという二頭立て馬車によって進化（C）をしていくのである。

●出会うたが縁、異質との出会いが人生を豊かにする

私は政治家を志すのは当然の人生と思いこんでいた。この世は海千山千、騙される者がバカだとも思っていた。智頭に帰ったとき私の知人であり、私のささやかな可能性に目覚めさせていただいた故小林義男先生（元用瀬小学校長）が「篤さんは剃刀のようになった」と形容されたが、当にそのようになろうと努力していたのである。

ところが1988年4月運命の出会いがあった。当時鳥取大学工学部社会開発システム工学科の岡田憲夫先生（現京都大学防災研究所教授）にお会いした。「先生、何を研究しておられるのですか」とお聞きしたところ、「島根県の匹見町に行って過疎の研究をしています」との答えが返ってきた。「島根県に行かれるのでしたら智頭に来てください」ということで、先生との懇親の場を智頭で持ったのであるが、宴たけなわの時いきなり岡田先生が「寺谷さんは何で地域づくりをしているのですか」と尋ねられた。私はとっさに「自負心です」と答えたことを記憶している。

これをご縁に岡田先生には手弁当で度々智頭に来ていただいて私達

の集団（CCPT（智頭町活性化プロジェクト集団））に「社会システム論」を説いていただいた。ある時、「先生は智頭に来て、私が緻密に計算した戦略をバリバリと剝がれるので私の存在がなくなる」と言ったところ、先生は「寺谷さんが求めるのは前橋さん（CCPT代表）の仁徳を学ぶことではないか」とずばりきた。そうこうするうちに私の姑息さを見破られたのだと思うが、「寺谷さんが政治を捨てないかぎり智頭には来ない」と断言されたのである。私はその場しのぎながら「分かりました政治を捨てます」と繕った。

これらのやりとりは言葉の瞬間のキャッチボールであるが本質を突かれたものである。歌の文句に「よお〜く考えて」というコマーシャルがあるが、のたうちながら私の求めようとするものや、私の資質を根本から見詰め直した。結論として政治志向の放棄であり、「人気」で生きるより「本気」で生きようとする覚悟を促していただく結果となった。

先生との出会いで1988年、即青少年の海外派遣事業をスタートさせ、1989年にはカナダからログビルダーを招聘して智頭町の最奥部の集落で智頭杉を使ったログハウスの建築事業を行い、その勢いを持って10年間、年1回2泊3日で地域リーダー・行政マン・科学者・研究者が一同に会いして議論する「杉下村塾」を開講し、先生の提案で1991年から年4回、10年の40回、その気のある人々が集まって読書をして議論する「耕読会」を開催し、いろいろな地域のテーマを実践し分析していただきながら活動していた。

また、1991年土木学会で先生に提案いただいた社会システムという概念を具体化した地域活性化の実践的なプランニング方式「四面会議システム」を指導を受けながら発表した。

その頃、岡田先生が「社会心理学の先生に来てもらいたい」と言い出された。1992年秋、京都大学総合人間学部助教授の杉万俊夫先生（現教授）であった。杉万先生は人間科学論で「かやの理論」を説かれた。興味津々で聞いている地域の私たちに本気で講義された。「心」は人と人の間にある。これはなんということか、心は自分の中にある

ものと思っていたのに脳天を後ろから叩かれたようなショックを受けた。

「こころ」を形成すのは、「集合的行動パターン」「暗黙の前提」「環境」「コミュニケーション」の4つの要因によると。つまり、私の解釈では心は体の中にあらず常に環境的要素によって変化しているということか、これまで人々の心に訴え続け、これでもか、これでもか、と理解してもらおうとやってきたが、無駄な徒労をしていた。何も言うことはない。理解される環境をつくれば人は必然的に変わるのだ。人の心を動かそうとせず外的環境を整えれば結果として理解されることを知った。

岡田先生の社会システム論と杉万先生のかやの理論を私なりに融合し実現したのが、1994年に川をテーマとした環境活動団体の設立であったり、1995年に郵便局の集配業務を活用したひまわりシステム（ひまわりシステムのまちづくり：はる書房）、そして、1996年に集落の活性化法であるゼロ（0）分のイチ（1）村おこし運動（地域からの挑戦：岩波書店）である。

出会うたが縁、社会科学を研究しておられる先生方に出会ったことにより、A×B＝Cが実現し、私の人生はこれまで考えてもみなかった世界へと導かれたのである。

● 人は全体に影響し、全体は個に影響する

私達はいろいろな集団の中に身を置いて生活している。例えば家族とか、職場とか、コミュニティーとか、もっと大きくなっていけば、自分が住む町や都道府県・日本である。私達は一つの「かや」ではなく、まさに重複構造を持った「かや」の中で日々の生活を送っているのである。

この「かや」は昨日の「かや」と今日の「かや」とは違って変化する。するとその変化した「かや」が一人ひとりの人間の半分だけに影響を与え、残りの半分は「かや」に規制されず、自由に行動する。そして、次々と変化しながら、個人が「かや」の形成に影響しながら、

また、「かや」が個人に影響するというエンドレスのドラマを繰り返す。面白い論理である。この「かや」を意図的に変化させることがリーダーシップであり、社会システムによる規範形成によって人は変化するのである。

一匹のメダカの大脳皮質を切除し、メダカの群の中に離すと、その一匹は群に関係なく悠然とある方向に泳いでいく。群はそのメダカを追って群をなすと、あるリーダーシップの本に書いてあったが、ここで大脳皮質が正常であれば集団の行動の変化は周りを見ていて起こらない。大脳皮質に異常を持ったメダカによって、メダカの集団に新たな「かや」が形成されたのである。

私達が本質的に持っているみんなで渡れば怖くない的なムラ社会型のリーダーシップでは、真に開かれた地域社会なり、組織の活性化は起こらない。

「かや」に影響され、「かや」に影響を与える。半分の自分をいかに自覚するか、この集団論を実践することが、これまで体感したことのない人間関係性を創造することに繋がった。

●舞台と役者・土俵と相撲の関係

つまり、舞台と土俵は社会システムでくくると同じである。立派な舞台を作れば素晴らしい役者が生まれる。また、しっかりした土俵があることによって相撲がとれる。

もしも、舞台や土俵のないところで演劇をしろとか相撲を取れと言っても、観客が居なければ張り合いもない。大観衆や拍手の渦の中で劇や相撲を取れば誰でも気持ちがよくなり、頑張れと叱咤激励をしなくても自然に場立ちがおきる。よく考えてみればものの理であることに気づく。

前述の「かや」の理論から推論していただくと容易に理解いただけると思うが、それではどんな社会システムの場づくりを行うか、私は智頭町役場の職員と地域住民との合同のプロジェクトチームを意図的につくってきた。生まれたのが「ひまわりシステム」や「ゼロ分のイ

チ村おこし運動」である。その社会システムの舞台から生まれるものは、社会システムを作った者からは見えない変幻万化な活動が起こっている。つまり、社会システムの場をつくった者が誰であるかということが問われなくなる社会システムこそ本物の舞台や土俵であることが解った。

よく言われる言葉に「うちの村には、町には人材がいない」「うちの組織には人材がいない」など聞くが、人材、私はこの人材ではなく「人財」であると思っているが、実は人材が居ないと言っている人はマネジメント能力が無いと言っていることと同じである。私は人が居るところには全て人財ありと思っている。厳しい見方をすれば人財が居ないと言っている人こそ「人害」でありボス的感覚の持ち主である。自ら早く気づき勇退された方が人々のためになる。

良い舞台では誰でも人生役者になれる。また、良い土俵では素晴らしい力士が育つ。本当かどうか社会システムという舞台と土俵づくりに挑戦してみていただきたい。ただし、注意しなければならないことがある。舞台や土俵作りをした者は絶対に役者にならないことであり、相撲を取らないことである。もしこれをやると自作自演であったり、一人相撲をとってしまうことになる。社会システムの場づくりはそれのみに徹することである。

● 2 の n 乗は無限大

それでは舞台ができたから人は育つかと言えば不可能である。私から言えば是非社会科学を勉強する機会をつくれば集団も組織も変わる。分かっていてもなかなか機会がないのが実状であろう。

そこで、人は一人としてこの世に同じ者はいない。その人の前提や個性を認め、その人自身が気づいていない特性を引き出し合う関係をつくれば、今すぐにでも変わる。ところが、それはそうだがという声が聞こえてくる。

本質的に自分は認めてもらいたいが、相手に関心がないというのが人の陥る所為である。特性の違ったⅠ対Ⅰの関係をより緊密につくる

ことによって実は6通りの思考が可能となるのである。自問自答とか自他問答といわれるように自分の中に「自」と「他」が同居している。つまり、2つの自我がある。自分の自他と相手の自他は当然違う。これで4通りの思考ができる。では自分の自と相手の自・自分の他と相手の他を組みあわせると、自分の自と相手の他・自分の他と相手の自によって6通りの考え方が可能となってくる。

あくまでも自分と相手は全く異なるという前提の上での思考であるが、互いに特性や個性が違うことを尊重してコミュニケーションを行えばⅠ対Ⅰの関係で複数の思考が一度に可能となる。このⅠ対Ⅰの関係をつくることができれば、人と人の関係は放射状となり水平型のネットワークが形成できる。水平型とはみかんを輪切りにしたイメージで、「核」を中心にそれぞれの「各」が上下の関係でなく、特殊性・特質など「各」の持つ、重みによって相互に引き合い、バランスし合うダイナミックな関係である。言ってみれば「核」によって紡がれ、共にある緊張関係、共に活かし合うことのできる関係である。

「核」と「各」は、時に「各」と「核」の関係として、役割を相互に交換することもある。放射状にある「各」と「各」……と「核」との紡ぐ関係性が、その集団なり、組織なり、地域の力になると言っても過言でない。2人つまり、Ⅰ対Ⅰの関係ができれば、人と人の関係は無限大の可能性を秘めている。

●二兎追う者は三兎を獲る
出る杭は打たれる打たれぬ杭は役立たず出過ぎた杭は打たれない

私たちが持っている知らず知らずに身に付けた大人の常識は、よく考えてみると、それによってすごく自己規制している。自分自身を開放する術として言葉の持つ意味を考え、語彙にこだわり続けてみると物事の本質が見えてくる。

お前は公務員だから地域づくりができるんだ。田圃や山がないから作業をしないからやれるのだ。おまけの果てには変わった者だからやって当然だ。と狭い世間の人たちは言う。私は、公務員ならこの町

に何百人と居るではないか見る限り自分のことしかやっていないぞ。田圃や山林があることは幸せだ。いっそ外の人に呼びかけて田植えや枝打ちをしてもらったら面白いぞ。お前は変わり者だ。それは変わった者にしておいた方が都合が良いからそう言っているのであって、一緒だと思ったとたんに公園の草刈りや地域づくりに参加しなければならないから、変わった者だと言っているのである。と解釈している。

　私たちの舞台に入ってもらうと言葉遊びのやり取りが活発に行われる。言葉遊びと言えば駄洒落を言っているのかとお思いかもしれないが、物事の本質を捉えようとしたとき言葉をあらゆる角度から使い、投げかけ合うことによって、ああそうかと頷ける、腑に落とすことができるのである。

　昔から二兎を追う者は一兎も獲ずといわれているが、熱意と執着心と冷静な目を持てば、二兎を追う者は三兎を獲ることができるのである。まず二兎追う者は一兎を得ずという呪文から開放することだ。そして、何かをすれば周りから叩かれる、叩かれるから出る杭は打たれると言って自分を慰めている。そんな自分に気づき「より抵抗がある社会システムは定着率も高い」ということを知れば勇気を持って「出過ぎた杭」になれる。

●共有主義（コモンイズム）こそ時代の切り札

　私が住んでいる集落は41戸で4つの「小字」からなっている。この地に23年住んでいる。65歳以上が45％という超高齢者集落である。「自分の住んで居る集落を変える」というとてつもないテーマを持ったものである。私が帰郷して10年間は意図的に住んでいる地域では何もやらず、私が生まれ育った近くの地域で活動を行った。そして、1993年一転して私が住んでいる地域に怒濤のごとく入っていった。

　その当時、住んでいる集落で住民の総寄り合いが持たれた。古老が「折角、公民館の広場に池ができたのだから鯉でもかったらどうか」と提案がなされた。その提案に対して、暗い薄暗い裸電球の光しかない情景を考えてみてください。古老の提案に対して「圃場整備で池を

造るということは聞いていない」「子供が落ちたら誰が責任をとる」「川に落ちて責任を取る者はなかろう」と怒号が飛び交う場となった。私は非常に残念な思いで帰宅した。結局、池はあるが水が張られないというような状況の村であった。私はこんな村に住んでいることが恥ずかしかった。今にみとれ、人々の心を新しい皮袋に包んで、やさしい芳香のする村に変えるぞと、ムラムラと闘争心が湧いた。必ず切り返してやる。全身全霊を持って闘おうという覚悟であった。

そして、1995年に智頭町役場の職員を中心に智頭町のグランドデザインの策定をコーディネートし、これからの地域づくりのキーワードとして住民自治・交流情報・地域経営の3つにまとめた。では具体的に実現する施策として集落の活性化が一番であり、住民自らが目標を立て計画を作って、実現していくという「日本・ゼロ分のイチ村おこし運動」を策定したのである。

1996年、当然のごとく私の住んでいる集落にも半ば強制的に導入を図った。すったもんだの抵抗はあったが、集落が希求している公民館の建て替えを餌にして住民全員参加のボランティアの「集落振興協議会」が設立された。以来10年の活動で見事に村が変わった。

事例を紹介すれば、月2回発行される地域内情報は240号を数え、村の外の人々に出されている活動紹介の新聞は年4回40号を数えた。蛍を養殖してホタルが飛び交い、各戸の味噌づくり・糀づくり、食文化の伝承活動やクッキングサークルなど、当然交流の場として立派な「交民の館」が建ち、明るい蛍光灯の下で前向きな議論がされるようになった。おまけに「東屋（あずまや）」は自分たちで字ごとに4棟建て、村の憩いのサロンとなっている。

ふるさと便りで初代の会長である長石昭太郎氏は「早瀬がゼロ分のイチ運動への道を選択したことは千載一遇の機会だった」と書かれている。

智頭町ではゼロ分のイチ村おこし運動を15集落が取り組んでいる。汗を流した分、知恵を出した分だけ各集落とも覚醒化し、それぞれのドラマが花開いた。私が住んでいる早瀬集落の人々は私が奮起してか

ら10余年経った。住民の多くは何事に対しても意欲的に取り組み、村の新しい革袋に心新たな芳香の人生の美酒が注がれている。

● スピリッツコミュニケーション

前述した地域での挑戦がなぜでき実現したのかと言えば、私は実際の地域（コミュニティ）の活性化に挑戦しながら、実は生活している地域社会の外にヒューマンネットワーク（精神性の高い）をつくりあげていたのである。

もしも、集落内に自閉し、住んでいる地域を変革（活性化）することのみに捕らわれていたのならば早々に挫折していたものと思う。誹謗・中傷・電話での抗議などによって家族も毎日が緊張状態となっていた。それでも孤高を貫いた。いや、貫けた。なぜ貫けたかと言えば。

岡田先生には社会システム論を杉万先生には人間科学論をひもといていただき、両先生を通じて各国の研究者・科学者・活動家と出会い、また、訪問する機会を得、地域社会の有り様や、地域でのライフスタイルを学び、人生の価値を確かめることができたからである。このことが、弱い自分を支えてもらい。少しでも当初の目的としていた地域の規範を変えるという大実験に挑戦することができたのである。

どの地に住もうと、「住むところではない。生きる姿勢にこそ存在の意味あり」と考えてきたが、積極的に挑戦しつづけたことが、もう一つのコミュニティ、つまり、物理的にも時間的にも超えたところにあると言える、精神性の高い「スピリッツコミュニティ」が形成できたのである。

地域からの挑戦はささやかながら自分の人生を賭した挑戦であった。

　　　　　　　　＊　　　　＊　　　　＊

● 地域の価値再発見を——寺谷局長に聞く

「自らの一歩」が大切

　常に学習、実践の積み重ね

郵便局員が配達の際、独り暮らしのお年寄りを巡回し、生活用品や

薬などを届ける郵政省の福祉サービス「ひまわりシステム」は、鳥取県智頭町から全国へと広がった。同町、那岐郵便局の寺谷篤局長(50)は町づくりの担い手の一人。現在も住民自らが地域づくりの第一歩を踏み出そうと「日本０分の１村おこし運動」を展開するなど、時代の先頭に立った取り組みを手掛け、中山間地の意義を全国に発信している。確実に人口が減少している中で、地域が何に価値を見いだして生き残っていくのか。寺谷さんが目指す町づくりの形や町おこしへのこだわりを聞いた。

中山間地は、都市と地方の観点から「遅れている」ととらえられている。風土、生活の中で、住民もそういう意識だ。なぜそうなったのか。

多くの農村とも、昭和35年ごろが人口は一番多く、その後過疎化の一途をたどっている。だが、単なる地域の「長幼の序」の社会概念から、人が少なくなったから駄目、都会は便利で楽しくすべてが善、とする考え方でいる社会そのものがおかしいのではないか。

そこで、すべてを逆から見ることができないか、と考えた。私が40歳になったころ、社会システムを研究する鳥取大学の岡田憲夫先生(現京都大学教授)と出会い、勉強する機会を地域の中でつくった。

地元の会社経営者や役場職員ら、さまざまな職種のメンバーが集まり「智頭町活性化プロジェクト集団」(25人)をつくったのが昭和63年。お互いに存在する価値を見いだしていくため、学習しながら実践していく集団が必要だろうと結成した。

岡田先生から社会システム、杉万俊夫(現京都大学教授)から社会心理学を学び、それを智頭の中の小さな集団がピストン運動のように活動していくことが、将来的には大きな影響を周りに与えることになると考えた。

あくまでも自らの一歩にこそ価値がある。一歩も踏み出さないまま評論家になってはならない。例えば「日本０分の１村おこし運動」の名称にも、小さな「０・0001」歩の動きでも、「０」から「１」、無から有へのプロセスが「10000」にもつながる、という思いがこもって

いる。

 そのために集団をつくり、常に学習と実践を繰り返してきた。実践例としては、「智頭杉」の付加価値を高めるために、杉製の名刺やはがきを作り、板のはがきのコンテストを全国規模で開いたりした。

 そんな取り組みを通して、どうも集落そのものに自治力、きずながなくなっていると感じた。人々は長年、地域が織りなしてきた生活文化に価値を感じていない。経済の効率性だけにとらわれ、たくさんお金があれば幸せになれると考える価値基準が実際にあることが取り組みの中で分かった。何をやっても「隣の芝が青く見える」。

 地域、集落経営というのは付加価値化運動。自分自身の価値の改革をしていく、まさにルネサンス。だが人の価値は変えられない。だから価値を感じた人が行動する。自らの一歩が積み重なって環境が変わる。行動せずして積もることは何もない。

 地域経営というのは、一人でできるわけではない。物をつくって素晴らしいということでもない。

 自治は行政がすべきだと思っていた住民が、自分達が住んでいる自らの地域を考え、将来十年後はどうあるか、をとらえる力を生み出す社会システムをつくっていかなければならない。

 住民とともに行政職員も一緒に高まっていかなければならない。これまでに、地区担当制を敷き、集落ごとに集落振興協議会をつくってもらって、自ら企画、"絵"をかいたものを出していった。

 これまでの活動には行政側の抵抗もあった。動けば予算が必要になってくる。住民間でも同じ。でもそれは戦いだ。自分がこうありたい、この地域はこうあってほしいという、夢の実現への挑戦だ。

(山陰中央　1998.6.18 より転載)

第8章 ケーススタディ(その5):
奈良県吉野郡川上村の場合——日本の森林・環境問題、林業コミュニティの居住福祉を考える

吉野郡川上村役場産業振興課　泉 谷 隆 夫
川上さぷり理事長　上 嶌 逸 平
(札幌市 HOP) NPO「森を建てよう」(代表)　石 出 和 博
朝日新聞吉野支局長　神 野 武 美
司会:北海道大学教授　吉 田 邦 彦

吉田(司会):伝統ある吉野林業の川上村に寄せていただき、「日本の森林・環境問題、林業コミュニティの居住福祉を考える」という21世紀の大きな課題で議論したいと思います。川上村だけの問題にとどまらず、環境問題、日本の貿易政策問題、あるいは林野庁で検討されている新生産システム、それから2001年に改正された森林・林業基本法12条に基づく直接支払制度をも視野に入れたいと思います。

　私は、北海道大学法学部で民法を担当しています吉田邦彦です。日本居住福祉学会の立ち上げから手伝うことになり、現在副会長を務めています。2005年11月に奈良で日中韓居住問題国際会議があり、終了後、朝日新聞の神野さんに川上村を案内していただき、大谷一二村長にお目にかかりました。今日は村長に代わり菊谷助役にお話ししていただきます。よろしくお願いいたします。

　菊谷:皆さん、こんにちは。この川上村によくおいでくださいました。心から歓迎申しあげます。私の方からは村の概要紹介をもって挨拶に代えさせていただきます。

　まず本日ご利用くださいます杉の湯のことを少しお話ししますと、私たちの川上村は大変大きな村であり吉野林業の中心地で、林業だけに携わってきた村でした。人工林の歴史は古いわけですが、ここ30

年位前から非常に林業が厳しい状況となっています。村は総合計画策定のなかでこの村の生き残り策を模索するとき、自然をバックにした観光産業に取り組んでいこうと、平成元年にこの杉の湯ホテルをオープンしました。ここから約14〜15km上流に入之波という所がありますが、ここにも五色湯ホテルを建設、経営しております。いずれも村営のホテルです。

　なぜそうなったかといいますと、基幹産業である林業が不振に陥っていくなかで、すき間の部分を観光産業で補うというのが村のトップの考え方でした。現在大滝ダムを建設中です。昭和34年の伊勢湾台風によって大きな被害を受け、山津波などで72人の方々が亡くなりました。伊勢湾台風を契機として国は洪水調節のダムを造ろうと考えました。8,000万トンの貯水能力をもったダムです。ダムの水は下流の人たちの飲料水や工業用水としての供給も予定されています。そうしたダム築造で村は水源地の村づくりに取り組もうと、総合計画のなかに位置付けています。村では約10億円を投じ、日本でもいちばん雨の多い大台ヶ原のふもとの原生林約740haを購入し、村の財産として保存しています。この少し上の宮の平にも源流館を建設し、下流の人たちとの交流、資源である水の大切さを訴える施設として活用しています。

　こうした取り組みも行いながらも基幹産業は林業という形は崩しておりません。最近、林業不況で人工林の手入れが遅れています。とくに間伐が遅れることで下草が生えず保水力がなくなり、果ては山崩れを起すことになるのではないかと大変心配しています。皆さんの力を借りながら、そして林家の人たちがそうした取り組みを積極的に行うべく、行政として応援しなければならないと考えています。

　皆さんのご意見を頭のなかに入れ、今後の取り組みに活かしたいと思います。どうか今日、明日の研修が実り多いものでありますようお祈りして、簡単ですがあいさつに代えさせていただきます。

　吉田：どうもありがとうございました。早川日本居住福祉学会会長よりあいさつを申しあげます。

第8章 ケーススタディ(その5):奈良県吉野郡川上村の場合

早川:早川です。この会を設定しご後援いただきました、川上村の方々、「川上さぷり」の上嶌さん、はるか北海道からかけつけてくださいました石出さん。石出さんには数年前に初めてお目にかかったのですが、家のなかに森をたてるという思想に大変感動したことを記憶しています。朝日新聞の神野さんは学会運営で何かと相談に乗っていただいている方です。皆さんにお礼を申しあげます。

「居住」というのは、中国では「居を定めて暮らしを立てる」を意味します。吉野の人たちはここに居を定め、林業を中心に暮らしを立てておられるわけです。また「福祉」というのは「幸せ」の意味です。ですから、居を定めて暮らしを立て、幸せを求める。これが居住福祉ということの意味とお考えいただければ分かりやすいと思います。

一昨日、和歌山県の田辺で「障害者と高齢者の居住福祉」と題して大会を持ち、昨日は一日熊野古道を歩きました。その大会で障害者の居住のあり方の議論をしました。そこで、木造住宅は障害者、高齢者にとって優しい、という報告が幾つかなされました。さらに、日本の文化の根源は森林です。森が荒れると国土が荒廃していきますし、文化も衰えます。居住福祉の基盤が失われていく。森林文化というのはすべての根源であると私は考えています。1994年にカナダから寒帯雨林、インドネシアから熱帯雨林の代表が参加して東京でシンポジウムがあり、私も出席しました。カナダの人たちはツーバイフォー工法でどれだけカナダの森林が荒廃しているか、スライドを見せました。それは悲惨なもので、もう爆撃もうけたあとのような感じです。インドネシアの村長は「私たちの暮らしはこの森林があるから成り立っている。それを日本の企業が壊していく」と報告しました。

今日はこれからいろいろと勉強させていただきます。よろしくお願い申しあげます。

吉田:報告者の紹介をします。泉谷さんは、今回の企画を全面的にサポートしてくださいました川上村の産業振興課の方です。川上村、あるいは吉野林業が現在抱えている問題状況などをお話しいただければと思います。次の「川上さぷり」とは川上産吉野材販売促進協同組

合のことで、そこの上嶌理事長です。明日は川上さぷりの事業所見学をお願いしており、2日にわたってお世話になります。3番目は、北海道からお越し願いました石出和博さんです。石出さんは、ハウジングオペレーション（HOP）の社長兼『森をたてようネットワーク』非営利団体の代表です。社長自らハウスドクター活動、住まい塾などを通じて、顧客以外の消費者に広く住まい方に関する相談・啓発活動を行っています。平成14（2002）年から植樹活動、それから平成16（2004）年にはNPO法人『森をたてようネットワーク』を設立し、森林の育成・保全に努めているということで経済産業大臣賞を受賞されました。最後は、朝日新聞吉野支局長の神野武美さんです。ベテランのジャーナリストで、以前から住宅問題、そして吉野に来られてからはこの林業の問題でも、いい記事を書いておられます。

それでは泉谷さん、よろしくお願いします。

● 密植・多間伐・高伐期施業の吉野林業

泉谷：川上村の泉谷です。生まれも育ちも川上村で51年生きています。村を離れたのが高校・大学時代でその後役場に勤め、28年をむかえています。

川上村の林業すなわち吉野林業は歴史が古く、文亀年間から人工林を育てていたといわれています。吉野スギは有名ですがヒノキも立派です。スギのルーツは春日スギだとか屋久スギだとか、原型はどうだったのかは解っていませんが、一本一本植林された300年を超えた人工林がそびえている川上村の蓄積量は日本国内でも一番だと自負しています。吉野林業は、植付け本数が8,000～12,000本/haと多く、密植・多間伐・高伐期施業が特徴です。1ha当たり10,000本の植栽本数とすれば、1m四方に1本の割合で木を植え付ける。その木が成長するに連れて互いに影響し合い、光の取り入れ方を調節して年輪を均等にするように除間伐を繰り返しながら木の成長を操作する。とにかく急激に太くならないように光を調節して1cm当たりに8年輪くらいの真円に近いスギを造るように育ててきました。他地域では3,000

第8章 ケーススタディ（その5）：奈良県吉野郡川上村の場合

〜5,000本/haの植付け本数が一般的といわれているなかでのことです。

　実際、そうしたなかで育てられたスギは年輪が細かく、圧縮強さ、曲げ強さに優れている。以前ならば50〜70年生の柱がよく売れていましたが、現在は狂いの少ない集成材が主流になっています。木口を見れば分かるのですが、年輪の幅が小さければ小さいほど太くなるのに時間がかかり、その反対に曲げ強さや圧縮強さが優ってくるわけです。それらの木を間伐して、かろうじて生計を立てているのが現状です。それもこれも、先人が代々、子や孫やその次の人たちのために丹精をこめて育ててきたお陰なのです。しかし、このように繰り返されてきた、切っては植えるという木のサイクルが壊れてきています。先ほど会長が話されていましたように、カナダの木であったり、インドネシアの木であったり、中国、ロシア材だったり、日本の商社が世界中の林業地に出向いて、材木を輸入しています。

　林業が生業として成り立たなくなっているのは何が原因かを考えてみると、吉野林業では林道・作業道密度が小さく、ヘリコプターでの搬出にたより搬出コストが他地域より高くつき、材木の価格と合わない。複雑な流通コストが製品を高くしている。日本建築が少なくなった。プレカットなど大量消費に繋がる建築が増えた。にわか作りの大工が増え、昔の刻み大工が減った。木造住宅の設計士が少なくなった。木材中心であった生活様式が変わった。代替材など商社の介入があった。高い国産材より大量に安く輸入できる外国産材を利用する大手住宅メーカーが多い、等々さまざまな原因が考えられます。

　このようななかで、国産材の自給率は現在では17％くらいになっている。83％が輸入材で賄われている現状を変えなければ、日本の林業は立ち直れない。17％を国内の林業地が産地競争をしながら取りあうような形になっています。吉野林業の特徴である密植・多間伐・高伐期施業を続けている当地ではとりわけ価格設定が問題になります。他の林業地よりも手間（お金）をかけて木を育てているのだから、材木が少しは高く売れないと、植林して伐採までの長い期間（現

在川上村ではスギ100年・ヒノキ80年伐期)を前提とした木材の循環作用がともなう再生産が崩壊してしまう恐れが出てきました。今は先人のお陰で育っている100年生以上の木を間伐して辛うじて生計を立てているのが現状です。このままの状態が続けば、間違いなく山村では林業が成り立たなくなるでしょう。

　川上村で20年間続いたイベントがありました。「全日本そまびと選手権大会」といいますが、丸太を引くタイムを競ったり、2人1組で木に登り指定のところに旗を立てそれを取るタイムを競う、柚人(そまびと)の技を競う競技大会が昨年まで続いていたわけです。存続の声も大きく、通常であれば終わることがなかった大会を終えなければならなくしたのは、主産業である林業の低迷が続き国産の木が売れない現状があったからです。そこで「川上村が官民一体となって木材の販売促進を図っていこう」ということになったわけです。数年前には素材業者の16人が川上材を販売するために「川上産材販売促進協議会」、通称「川上さぷり」を旗揚げしています。これらも含めて、官民一体となって川上産材を消費者や工務店に知っていただき、木の良さを知らしめ、木を利用していただき、買っていただく販売促進活動を18年度から始めています。

　実際に国産材が売れなくなったいちばんの原因は、商社による外国産材の大量輸入だと考えられます。南洋材を手始めに世界中の山をかけめぐり、伐採した原木を輸入してきました。残地は荒れて国際問題になったこともあります。最近は植林もともなった伐採に重点を置いているらしいとも聞きますが、未だ伐採後は放置されたところが多いようです。木材搬出国も賢くなって原木では売らず、加工した製品しか輸出しない国も増えています。中国の木材産業は日本を上回るほど、輸入量を増やしています。外材の獲得競争も激化して、材料である木材の状況は将来的に変わってくるだろうと望みを持っています。

　私たちは小さいころから木を見て山を見て育ってきました。あたりまえのように繰り返されてきた植林や伐採が行われなくなり、地球温暖化問題がより深刻さを増します。木造建築が減少し、林業が成り立

第8章 ケーススタディ（その5）：奈良県吉野郡川上村の場合

たないという事は山を守れないに等しいことを国民の皆さんに知っていただかなければなりません。自然に溶け込んだ林業が成り立たなければ、大地はだれが守っていくのでしょうか。二酸化炭素などを含めた温暖化をどのようにして防ぐのでしょうか。諸外国の木材産出地では日本などの木材輸入商社による伐採にともない大地崩壊などの問題が深刻です。日本では自国の木を使っていただけないことで林業が成り立たず、大地が崩壊に向かっていく現実に憤りを覚えます。このままでは国そのものに治山治水を含めて、さらに金がかかる状態が頻発することが予想されます。適切な状態に戻すためにも国内産の木材利用など内需拡大が責務であるということを国民の皆様に周知していただけるよう、宣伝していくことが林業地の役目だと思っています。消費者である皆様のご協力をよろしくお願いします。

吉田：どうもありがとうございます。質問をどうぞ。

岡本：日本居住福祉学会の事務局長をしています岡本です。長伐期というのは使う部材にもよると思いますけれども、どれぐらいの年数で出すのが普通でしょうか。

泉谷：木を育てていくなかで、間伐しなければ木の生長が阻害される、あるいは地面に光が届かず、草木が育たないのでそのときどきに間伐しますが、それぞれの間伐の際の木がさまざまな用材として利用されてきました。たとえば、稲足、杭、足場丸太などがそうです。現在は、これらの代用品が現れて、コストや耐久力も木以上のために間伐材の利用頻度も少なくあるいは無くなってきました。柱材も修正材は低価格で狂いが少ないからと大工にも重宝されるようになっています。従って50〜70年生の国産材の柱も売れなくなっています。

修正材が出回っていないころは大工が木の習性を読み、巧みに材料を取り扱っていましたが、日本古来の建築構法があまり使われなくなってきている現在では、木そのものの利用形態も変わってきたということです。ちなみに現在の吉野林業の伐期樹齢は長伐期仕様のヒノキが80年、スギは100年に変わっています。

入江：いろいろと木を守っていく、育てていく大変な仕事だと思い

ます。保育基準とは、木を育てる、管理する基準ということでしょうけれども、枝打ち、間伐、下刈り、雪起こし、つる切りとさまざまな仕事があります。たとえば林業全体にかかる手を100とすると、そのうち間伐に30ぐらいの手がかかるとか、大体の仕事の割合をお教え願えますでしょうか。

泉谷：保育にかかる手を100％とすると、植林関係16％、害獣防護策17％、下刈り15％、木起し7％、修理6％、除伐8％、枝打ち31％くらいの手間がかけられています。

●吉野林業と『川上さぷり』

吉田：では上嶌さん、よろしくお願いいたします。

上嶌：ご紹介いただきました上嶌と申します。川上産吉野材販売促進協同組合、非常に長い名前なので、通称『川上さぷり』という名前を使用しています。その「さぷり」という名前の由来は、英語の「サプリ」、いわゆる「供給する」という意味合いと、「武士」という意味の「さぶらい者」というのが語源で、それらを掛け合わせて、侍魂の精神でやっていこうということで「さぷり」という名前を付けました。

本日は、現在の山の状況とここ2～3年のわれわれの行動を簡単に説明させていただきたいと思います。正直申しあげて山を取り巻く状況というのは厳しいという状況を通り過ぎています。いかんともし難いというのが現実です。そのきっかけの一つは平成9年の非常に大きな風台風の台風7号で、100年、150年というような大木でさえ稲穂の如く、ものの見事に倒れました。それがきっかけとなって大幅に価格が下がりました。10年前の価格と比較しますと3分の1。すべての経費も3分の1になれば別ですけれども、もう経費が出てこない。

現実にこの川上村からは90年以上の木しか出てこない。今までいわゆる建築材として50年前後の木から一般市場に出回っていました。ところが、もう50年、60年、70年、80年では、山から市場まで出荷するだけで経費が上回ってしまい、だれも手を付けない。触ると損。今は、100年前後の木しか出てこない。それも経費と大体プラスマイ

第 8 章　ケーススタディ（その 5）：奈良県吉野郡川上村の場合

ナスゼロぐらい。ましてや山側にもあまり残っていない。それが現状です。

　この吉野材は、全国のトップレベルの価格帯、優良材、ブランド材です。何とか今まで高い価格で推移してきましたからもってきたのですが、結局 100 年前後の木しか採算が取れない状況です。ヒノキがまだ杉よりも多少高いので 100 年生の杉とヒノキとしか出材できないような状況です。木材業という名前が付いていますが、現実として生業になっていない。これが今の現実です。

　吉野林業には山づくりの特徴と山守制度という大きな 2 つの特長があります。山づくりの特長というのは、たくさんの木を植えて、一定期間をおいて間引きする。100 年、150 年、200 年の木を育てる。なぜかというと、節のない木をつくろうとしたのです。これは吉野材が建築材として一級品になる前に、酒だるとしての供給がありました。香りがいい。年輪も細かい。水が漏れない、酒が漏れない。それが吉野林業の大きく発展した理由です。ところが酒だるがどんどんプラスチックになっていく。今度は、節が少ないから建築の高級材として転用が利くということで推移してきた。そういう高級材志向がどんどん離れています。

　この川上村は植林面積が 1 万 7,000ha あります。その 90 数％が村外の方の所有山林で、地元の山はほとんどありません。その 90 何％の山林も数人の方が持っています。これが大きな特徴です。山守制度というのは、地元の人間が山主に成り代わって、木を植えます、管理もします。同時に、伐期に入ると優先的にその木を分けていただく、簡単にいうと借地林業です。どんな田舎でも割と棚田があるのですが、この川上村には田んぼがないのです。山一本で今まできたのです。

　山づくりというのは数十年、数百年という単位ですから、資金力がなければできません。当然、村外の資本を導入してきました。「山を持ちませんか」、「山をつくりませんか」と。だから、この川上村には山三分という言葉があります。山を持っていただくと、年利 3％でまわします。「山に投資してくれませんか」ということで、村外の大き

な資産家の方々の資金を導入してきました。それが山守制度です。私もそのうちの一人です。だから、川上村で木材業者、林業関係者というのは山守ということです。

平成9年の台風被害で、いかんともし難い状況になりました。これではもう木材業者としてやっていけないということで、何人かの仲間と相談して、この「川上さぷり」という組合を設立しました。今やっている川上さぷり木伐加工センターは、計画する段階ではなかったのです。戦後50年、この吉野の木を売ることに、先人たちが大きな努力をして、吉野材、高級材という位置付けをしてきたのですが、今までのシステムが機能しなくなってきました。だから木離れを含めて、吉野の木の需要がどんどん減ってきました。もっとPRをしなければならないということで、村の行事などに積極的に参加しては吉野の木のPRから始めました。

平成13年、林野庁の補助事業である林業構造改善事業を村として始めます。本当に真剣に考えて行動してみよう。一つ大きな問題になったのが、補助金の入る業界というのは決していいことはないのです。活力のある業界は補助金がなくてもどんどん自分の力でやります。実際問題として大きな金額を投入している割にはなかなか具体的に動いていません。3セクや建物はできるのですが、実質的に赤字の出ている部分が大きいということも頭に入れながら、最小限度の設備をしました。そのときに建築基準法が改正され、瑕疵保証担保、品質確保が重要視されてきました。奈良県の製材業界はいわゆる丸を四角にひくだけの設備が大半です。木そのものの値打ちで吉野は生きてきたのです。山づくりにすごくコストをかけています。その木の良さだけで生きてきたわけです。PRとか加工については、本当に後手にまわっています。時代の変化にどれだけついていけるかということで、乾燥機を中心とした2次加工施設をつくったのが川上さぷり木材加工センターです。

他に比べて林業構造改善事業としてはそれほど大きな規模ではありませんが、将来形に応じた設備投資をしていけばいいということで、

第8章 ケーススタディ（その5）：奈良県吉野郡川上村の場合

最小限度の設備で展開し始めたのです。その目的として、木造住宅にこだわってくれる、方向性を一緒にしてくれる工務店を探そう。設計者と手を組んでいこう。できるだけユーザーに近づきたい。今までの業界は、われわれ木材業者が原木市場に出したら終わり。そこで製材さんが丸を四角に切ろうが三角に切ろうがまったく関係ない。製材さんは原木市場で原木を買って、それを製品市場に出す。東京や全国各地の問屋に流してきたわけです。

最終的にいうと、この川上村の木がどの辺りでどなたの手にわたるのか、まったく関係がなかった。知らなくてもよかった。とにかくエスカレーターに乗り込めば、勝手に自動的に売れた。そういう状況だったのです。できるだけ距離を縮めようと、方向性を一緒にする設計者や工務店と手を組んで展開させていただいた。おかげさまで加工センターができて2年、3年目に入るのですが、逆風もある代わりに、追風もある。健康住宅であるとか、住宅メーカーでさえ格差を付けたい。価格競争か、こだわって家をつくるのか、いろいろと差別化を考えているわけです。そういう方々と手を組み、展開させていただいている状況です。

私は初めて居住福祉学会という名前を聞かせていただきました。学会や業界も含めて各方面でいろいろな動きがあるのですが、点で終わっています。なかなか線になりません。ましてや動線になっていかないところが、ジレンマというか、そういうふうに思うことがあります。こういう機会にいろいろな方々と出会わせていただいて、また違う形でバックアップをいただくという展開ができればと考えています。

吉田：どうもありがとうございました。1点、私からお伺いしたいのはコストです。林野庁がすすめている政策の現場の方の評価を聞かせていただきたい。たとえば①森林林業基本法によって直接支払制度という補助金が出るようになりましたけれども、1 ha 1万円ですか。あれは現場の方にとってどう受け止められているのか。②平成18年度から始まった新生産システムの制度趣旨は効率性の論理です。「林業不振から森林所有者の施業意欲が低下しているなかで林業整備の

いっそうの推進を図るには、成熟期を迎えた人工林資源を活用し、生産・流通・加工のコストダウンと需要の確保によって林家などの収益向上を実現し、間伐・再造林などの森林施業を促進することが重要である」「集約化、低コストで安定的な原木供給、ニーズに応じた最適な流通・加工体制の構築などの取組を集中的に実施したい」と。それから、岡山県の勝山町に銘建工業がありまして、そこの社長の中島浩一郎さんは、吉野林業は「ヘリ集材ということをやっているけれども、コストをかけすぎだ。もっと違った対応の仕方があるだろう」という注文をつけておられます（『「緑の時代」をつくる』旬報社、2006）。これらに対する現場の方の声もお聞きしたい。それでは次に、石出さんからよろしくお願いいたします。

●国産材を生かす企業

石出：みなさん、こんにちは。吉野杉を北海道から見ていますと、非常にブランドのある価格の高い木です。私は北海道で茶室を一番造っている建築家ですが、「吉野杉で造りました」と、こんど言えるのではないかと期待しています。今までは、秋田など、いろいろなところから買っていました。もし吉野杉を使えると、私としても私の建物としてもブランドが上がります。今日呼んでいただいてありがとうございます。

私たちは山の木をうまく使おうという企業です。年間40億円、120棟ぐらいを全国で事業展開しております。ここにいきつくまでに12年の歳月が流れています。現在、北海道の木材、または全国から集めた100％国産材という建物を造っています。京都でもたくさん仕事をさせていただいています。京都支社が京都市役所の真向かいの本能寺会館にあります。横浜のみなとみらい、札幌でもやっています。建物はすべて国産材、塗られている土壁も珪藻土もすべて日本の珪藻土。とくに北海道は珪藻土の生産が多いものですから、それを使っています。本州で造るときは天井板に杉を使い、土台は四国四万十のヒノキです。そういうふうに一つひとつ集めます。商社からの材料は一切あ

第8章 ケーススタディ（その5）：奈良県吉野郡川上村の場合

りません。今は非常に流通がよくなり、とくに宅急便を多く使うのですけれども、昔では考えられないような単価で材料を供給するようになっているのです。北海道の私たちの工場でプレカット、家具の加工、建具の加工、すべてやって全国に送ります。

今までは製材工場が造ったものです。でも、私は建物を建てる人がどういう材料がほしいのかということを直で通すような工場を造りたかったのです。それで、この12年間に芦別と北見に、2つの組合の工場を造らせてもらいました。それで私たちの材料を出す。例えば北海道の割りばしの工場を見に行きますと、少しでも節があって曲がっていれば全部捨てられています。その材料を1年、2年で完全に集めてもらって、それを12mmの厚さ、幅が10cm、長さは自由に何千枚と生産してもらって材料として使っているのです。今はシラカバだとか、とにかく捨てられる材料を全部使う。商社はいいものだけを大量に使っていくのですが、私たちはいまある材料をお客さんに一品一品を提供しようとしています。まだ年間100〜120棟程度なのですけれども、私たち芦別の山の人たちは再生しました。北見の工場でも、私たちばかりではなくて、直接売ることができていったのです。

10年前にどんなことからスタートしたかといいますと、私は建築のデザインをやっていて、藤田工務店という宮大工にいる会社に弟子入りしました。その会社は跡継ぎがいなくて私に継いでほしいということで、借金もありましたけれども、それを全部引き継ごうということになりました。その工務店をどういうふうに発展させるかということを試行錯誤しているときに国産材との出会いがあったのです。国産材だけをやる会社をつくりたいと思ったのです。それがハウジングオペレーション（HOP）です。

そのときは営林署が北海道にもたくさんありまして、信州のカラマツ、アメリカのトドマツを北海道に大量に植えたのです。北海道の山々は、炭坑を掘るために坑木として使われたためにもう丸裸だったのです。そこに成長が30年ぐらいで使えるような木を植えたわけです。それが今、山全体がカラマツ、トドマツです。しかし、その木を

だれも使わない。10年以上前は建築材には1本も使われていなかったのです。私は道の林務部に行きまして「北海道の材料を使って建築したい。そういう会社をつくりたい」と言いましたら「曲がるし、割れるし無理だ」と。私は、そのときに京セラの稲森和夫社長が第二電電をつくって、電電公社と戦っている姿をずっと京都に通いながら見ていたものですから、稲森さんの言葉を林務部の人たちに言ったのです。「できないと言うから私はやる。できないことをやりたいんだ」と。「おかしな人だな」と言いながら、林産試験場に紹介されました。

行っても研究されていないものですから、次から次へとまわされました。そのなかで一人、高橋さんという、定年を2年後に控えた方を紹介されました。カラマツの乾燥技術をやってきたけれども使われないものですから、窓際にいたわけです。その人に私は会いに行きまして、そういう技術を使っていきたいと一生懸命お願いしました。そのころは東南アジアの自然を破壊して、中国、世界各国から木材を集めていました。今もそうですけれども、外国材が90%も芦別の山に来ているわけです。天然林は使われているけれども、日本の人工林は使われない。そういうなかで「使いたい。使うにはどうしたらいいですか」と聞くと、その人がじっと話を聞いている。補聴器を付けているものですから耳が聞こえないのかと大きい声で話しましたら、目からぽろぽろと涙を出したのです。「君に10年前に会いたかった」と高橋さんは言ったのです。なぜかというと、人工林の乾燥技術が確立していたのです。学会では確立されている。しかし、実際には売れないから使わないのです。それで私は、その乾燥技術を芦別の工場を立ち上げて実際に使用したのです。実用化に3年かかりました。ほとんど北海道の山は、国から7割の補助金を受けて間伐材を伐採して、チップ材にして、売らなくてもお金が入るというシステムになっています。本州と違うのは、北海道の7割が国有林です。ですから、国の払い下げを使っています。だから、供給が非常にコンスタントです。

私はスタート時に北海道を中心に活躍している建築家に道産材を使おうと集まっていただき、私の育った古里の山の人たちをくっつけた

のです。そうしてスタートを切りました。北海道の材料を使うと言ったときに、私は構造に絞ったのです。間伐材は弱いから、そのための構造設計をきちんとコンピュータでやるシステムを作った。そうして、間伐材が安いから弱い材料だという概念をはねのけた。間伐材を使って伝統になり得るものをつくるのだと考えているわけです。ところが今、２割高いのです。町で売っている外材が８割混ざっているような材料より、私たちの組合の材料は大体２割高い。２割高いというと大体、皆おじけづくのです。しかし、１棟建てるのに木材の構造材は10％です。１棟1,000万円としたら構造材は大体10％、100万円です。２割高くても20万円、１棟分にすると２％しか上がらない。だから、宣伝広告費を使っているハウスメーカーとは十分に競争できると考えるべきです。

　国産材を使う人たちは、安く家を建てたい人ではない。産地産直なり、高くてもいいものを食べたいという人です。外材で、燻蒸で汚れた材料の家には住みたくない、プラスチックの建物には住みたくないと思うのです。安全なものを食べたいというような人たちは、安全な家に住みたいのです。そういう人たちに、国産材を使って家づくりをするときに、産直でつくることによってどれだけ体にいいものをつくれるかということを一生懸命お話しているわけです。それが消費者志向優良企業というものをいただいたのだと思います。そういう活動を私は全国でやっています。横浜のNHK文化教室、京都の文化教室、札幌教室で大体年40回ぐらいの講座を開き、単発でもやっています。今、森林を考えるということは環境を考えることとイコールです。北海道でも中国からの黄砂が降ってくる。４年前は考えられなかったことです。もう北京から上は砂漠化している。昔、全部日本人が刈り取ってきた分です。そういう森林を考えることが地球環境問題を考えることだと私は思っているのです。

　今「山が死ぬ」ということを私は一生懸命言っているのです。間伐しないために山が、土が死んでいく。強制的に間伐する、強制的に使うということを私たちがやらないと、日本の山は死ぬ。日本の山が死

ぬということは、日本の川が死ぬわけです。趣味嗜好で裏山の木で建てるのがいいのだと、年間何人かがやっている。そんな世界ではないのです。家を建てるときは国産材で建てるべきだという強い意志を持ってお話をしていくといいと思うのです。

おかげさまでそういうお話をするなかで、いろいろな人たちに参加していただいて、今日もこうやって居住福祉学会の先生方に呼んでいただいた。山の人たちが「山がたくさんあるが、この木が売れない」と言っているけれども、実際にそれを持っていくといくらでも買う人がいるという自信を持つということです。山に育った、地方で育った人たちで建築家として活躍している人はたくさんいるのです。その人たちが自分たちの古里の山を使わないということは犯罪に等しいのだというぐらいの勢いで説明するべきだと私は思うのです。

私がどうして京都に入ったかというと、地方で建築をしても田舎でやっていると思われる。京都、とくに吉野というのは昔から間伐技術があったところです。吉野杉で数寄屋をつくったのです。それが成功して、全国に人工林技術が広まった、その発祥の地です。そういう意味では、今植えられている木を100年たって使うという考え方、それは非常に貴重な財産ですから、それを残すと同時に、30年、40年たった材料を構造材に使うのだという発想の転換が必要だと思うのです。この山は100年以上たったら高級材仕様にして残す。これはもう世界に販売できる木です。世界にこんな木はないですから。逆に中国に売ってもいいわけです。

最近『住宅建築』という建築雑誌の特集を私たちのために組んでくれたのです。この編集長はえらく感動しまして、2日間泊まり込んで私たちの取材をしてくれました。30年前に私が建てたカラマツの家を見てください（6ページ）、30年前に30歳、第1回目の作品です。私は30歳から建築に入ったのです。それまではビール会社でビールをつくっていました。機械設計をやっていた者が建築に入ったわけですけれども、すべてをやる設計事務所、日本でいちばん新しい設計事務所として紹介されたのです。やっとここまできました。吉野杉、こ

れは世界に誇るブランドですから、私はぜひ使わせていただいて、大切にこれを全国に出せるようなシステムを一緒にやらせていただければ大変うれしいです。今日はありがとうございました。

　吉田：石出さんは当学会の賛助会員です。僕は、早川先生がいつもおっしゃっておられるような居住福祉の理念として思っていることをお話ししていたら、すぐにそれに呼応してくださり、大事だといって通常の会員の10倍ぐらいのお金をぽんと出してくださって、われわれの地味な活動を支持してくださっている方です。私も「森をたてよう」NPOの会員です。それで、石出さんの故郷の芦別の植樹祭などにも行ったことがあります。まだまだ資源がたくさんあり、21世紀的な課題を担っていく鍵が北海道にあると、今お話を伺っていて思いました。そして、今まさに生産者の吉野の川上村サイドと工務店とのブリッジができつつあるような感じを受けました。

　私は土倉庄三郎さんの『吉野林業全書』を読みましたが、山守制度が居住福祉の伝統の智恵のように受け取っています。居住福祉においてコミュニティはひとつの鍵になる概念ですが、吉野川上村の森林の場合、所有者の9割以上の方が村外なのですね。山守制度がなかったら森林コミュニティは崩壊するのです。ところが、地元の人が山守となることによってこのコミュニティを守っている。施業コミュニティといいますか、それが山守の高齢化とともに、存亡の危機です。それを何とか、今までのいい遺産（伝統の知恵）を生かすような形で支援ができたらと思います。

　それでは最後の神野さん、お願いします。

●**地域生活の論理と居住福祉**

　神野：林業を中心にご報告が3本続きましたが、私は林業の専門家でも何でもありません。吉野の担当になりまして1年余りがたちまして、そのなかから見えてきた生活の論理といいましょうか。そういったものから、今の林業や山村から見い出される大切さにアプローチしたいと思います。

5月20日付の朝日新聞奈良版に川上村の南西方向にある日本一広い村、十津川村の記事が出ています。この取材のなかでいちばん感じたのが、林業というのはただ経済的な産業としてとらえて、産業として振興するというだけでは十分ではないという点です。むしろ生活の論理そのもの、ものの考え方などの根本的なところからもう一度見直してみる必要があるのではないかということです。今まで吉野を取材してきまして、つくづくそのことを感じます。

　更谷慈禧・十津川村長とお会いしていろいろとお話を聞きましたら、「金で買う福祉とは違う、もう少し地域で自立して支え合う福祉を目指すべきだ」というようなことをおっしゃっていました。居住福祉はまさにそういった考え方ですが、それが吉野にはちゃんとあるのではないか。高齢者自身が70歳を超えても山に入って労働をしている。足腰が頑丈な方が多い。

　十津川村でびっくりしたのは、介護保険の利用者の原因疾病というのが、2005年1月現在、骨関節変型症が38％もあるのです。これは山で仕事をしたり、同じ姿勢で林業の施業をするので、関節とかそういうところを傷めるわけです。確かにこれ自体は病気としてはかなり問題ですけれども、それだけ体を使っているという証拠でもあるのです。村全体を見ましても、高齢者自身がいろいろなことを支えている。単に林業という仕事だけではなく生活面、たとえば簡易水道の水源地をちゃんと清掃することや道普請などを地元のお年寄りがやっているという話も聞こえてきます。それから、皆さんが大体、お茶を自分の家で栽培しているのです。自分のところで刈り取りまして、自分で手もみしてうちのお茶だと楽しんでいらっしゃる。野菜も自分たちで作っている。人としての能力を高めて、生きている。もちろん、病気になって衰えるケースもあると思いますが、それを支えるのが地域の共同体です。この吉野には林業コミュニティの世界がもうひとつあるようだと感じました。

　そういう生活のなかからいろいろな産物も出ています。みそを造ったり、村の鍛冶屋さんがいろいろな道具をつくったり、みんな自分た

第8章 ケーススタディ(その5):奈良県吉野郡川上村の場合

ちでやるのです。この話を取材してきまして、はっと頭のなかに思い付いたのがこの川上村にいる達っちゃんこと辻谷達雄さんです。すぐこの峠の向こうにある「森と水の源流館」の館長で、林業家でもあります。

　辻谷さんが書かれた「源流に生きるために」という6ヵ条があります。第1は、何でも屋になること。第2はすべてのトラブルは自分自身で解決することが基本。3番目が道具に頼らない生活。あらゆる分野で細分化・専門化が進み、さまざまな道具に囲まれた現代社会に逆行してみる生活。4つ目はたき火の達人になる。要するに、雨や雪のあとでマッチ1本で火を起こせる。これは、危機管理です。自然物の活用術を身に付ける。5番目が非常時に備える極意。これは心の持ち方です。平静さを保ち続けて冷静な判断。6番目が何事にも耐えられる体力・気力。こう辻谷さんは述べられています。本来、人間として目指すべきことを言っているのではないでしょうか。昔はみんなこういうことを目指して生きてきたと思うのですけれども、今は何となく、何でも物をお金で買いましょうというような論理になってきています。

　この吉野ではちょっとそういうのとは違った仕組みで地域づくりを考えていこうではないかということですね。今は高齢化が非常に進み、10年たてばもっと進む。ほとんど高齢者ばかりという時代に突入していってしまうのですけれども、少なくとも体を元気にするには、どんどん働く場をつくるということが今後必要ではないかと思います。

　話は変わりますが、日本で最も古い街、橿原の今井町は重要伝統的建造物群保存地区です。江戸時代クラスの建物が500軒ぐらいまとまっている町並みを保存するために国の補助金がついて、家々の修理、修景が続けられています。持ち家の修理は進んでいるのですけれども、あのなかに借家(長屋)がたくさんあるのですが長屋の改良が進まない。高い家賃を取れませんので、補助金があったとしても家主さんがそこにお金を投入して借家を改善するということがあまりないのです。橿原市はその辺りをどうしようかと苦労しています。たまたま不良住宅改良法を適用できる事例がありまして、その制度を使って住宅を改

善しています。高齢者たちのこういう試みも少し出てきています。

　なぜこういうことがいいのかというと、こういった伝統的な街にずっと住み続けられる条件をいろいろな形でつくっていこうという努力だと思います。上嶌さんから聞いたら、「まだ決まっていない」という話だったのですが、橿原市の担当者は「川上さぷりの木材を使いたい」と言っていました。古い住宅になればそこの人をただ単に出してしまうのではなくて、住み続けられる条件をつくっていく。そういう考え方は、川上とか十津川とかの考え方とも一脈通じているのではないか。川上さぷりの材木を使おうという考え方が出てくるのは、ただ単に産業としての住宅を考えるというのとは違う意味で考えているのではないかと思います。

　最後にもう一つ。1月にマレーシアのペナン島に行ってきたとき感じたのは、あそこは華僑の島でして、華僑の人たちは、お互いに同族とか同郷の人たちで寄り集まって生きているのです。ショップハウスと呼ばれる古い町並みも残っていますが、そのなかで支え合いがすごくある。そういう社会の強さというのは、少し息苦しいのかもしれませんけれども、それによって皆さんが手を携えて生きていく力が大きな力になってくるのではないか、これから林業の再生ということを考えるときに、われわれの暮らし方からもう一度考えなければいけないのではないか、というのが私の思いです。

吉田：どうもありがとうございました。早川教授も先ほど紹介されたように、和歌山での大会で、障害者の方も木造の家屋だと落ち着くという報告がありました。国土交通省の方の報告で、高層のビル群をつくるなどというのが資料に出ていましたけれども、発想の転換が必要ではないかと思います。それとの関係で神野さんの東南アジアの例などの紹介は、貴重だと思います。橿原市の木造公共住宅の実践は貴重だと思いますし、これが川上さぷりと結びついているならなおのことです。日中韓の会議での東アジア居住福祉宣言でもアジア的な住宅文化を見直していこうという趣旨も含まれていました。この局面でも、居住福祉学会も尽力したいと進めていますので、今日の4人の方の報

第 8 章 ケーススタディ（その 5）：奈良県吉野郡川上村の場合

告とつながっていると思います。

　それでは、質疑討論に入らせていただきます。今日は多方面の方がお集まりですし、吉野林業、林業の問題、コミュニティの問題、住環境の問題、あるいは街づくり（中山間地の再生）の問題が錯綜しています。どの方面でも、どなたからでも自由にどうぞ。

● 木の文化を広げて

　黒田：社団法人・奈良まちづくりセンターの黒田です。日本居住福祉学会の会員でもあります。17 年前、奈良県の人材養成塾で視察した熊本県小国町は総面積の 78％が森林で、1985 年から地域資源の小国杉を活用した「悠木の里づくり」に取り組んでいました。間伐材を利用した日本初の木造立体トラス構法で、道の駅、林業と木材の「林業綜合センター」、牛のせり市も開く体育館「小国ドーム」、研修宿泊施設「木魂館」、生徒十数人の「西里小学校」などの公共木造施設を次々と建てていました。宿泊施設も木造で、地域の主婦が郷土料理でもてなしてくれました。小国杉で作った学習机や椅子を始め、素敵な木工製品が展示即売され、来訪者は購入意欲をそそられたものです。木造建築を見て触れ、話を聞き、木の匂いを嗅ぎ、山の味を賞味し、五感に訴えるまちづくりがいかに重要であるかを学びました。

　川上村の美しいパンフレットをたくさん見ても、説明に千万言を費やしても、人の心には伝わりません。川上村を訪れると吉野杉の香りのする施設が迎えてくれ、住民が楽しみながら活用している風景が大事なのです。たとえば本日の研究集会が開かれている「杉の湯ホテル」は過去何回か利用しましたが、ロケーションはすこぶるよいのに吉野杉で建てられていないうえ、都会風な内装で、地域資源への愛着や誇りが伝わってこないのです。

　先程、村役場の泉谷さんが、「惜しいことに、川上村では小学校まで鉄筋なのです」とのこと。やはり吉野杉の校舎で、子どもたちが自分たちの町の資産を肌で感じながら育つことが、何より原点だと思えるのです。

岡本：半分は質問と半分は提案になるかと思いますけれども、これまでお話を聞かせていただいて、ここでは木材を育てるというところまでかという気がしたのです。木材を使った製品まで視野に入れた活動は、ありませんでしょうか。

上嶌：われわれ今こうやって生産に携わっていますが、非常に単価的に厳しいです。今、有機農法とか無農薬とか体にいいという野菜は少し高いですが、それはそれだけのコストがかかっています。安い品物はいくらでもあります。私もスーパーに買い物に行くときに、女房から「ちゃんと国産のものを買うてきてよ」と言われたら、やはり健康や農法、産地のはっきりした商品を買うわけです。

木もよく似た部分があるのです。「多少お高いですよ」という説明はたまにはさせてもらうのですけれども、あまり価格に目を置くと、そのしわ寄せが最後にはユーザーのところで出てきます。適正な利潤は必要ですが、それぞれの仕事に携わるなかで、どこかでいびつな形になると、最終的には欠陥住宅とかという形で消費者の方々にしわ寄せがいく。安物買いの銭失いになる可能性が非常に高いです。

石出：スウェーデンでもそうですけれども、4階建てのアパートは国際的には当たり前です。アメリカもそうです。マンションの4階建てまでは木造でできる、世界標準として。日本では3階以上はできないのです。そういう現状からして、日本は何千年という木の文化を捨ててしまったのです。これはやはり法律をつくる人たちを変えなければならないと思うのです。

上嶌：ヨーロッパはもともと木の文化です。神殿にしたって、あの石は木の形です。森林がなくなって石の文化に変わっていった。ないから木を非常に大事にする文化になってきていると思うのです。日本という国は四季があって、今でも木が結構ある。手元にたくさんあるものだからその木の大事さというのはどこかに忘れてしまっている。なくなって初めて気が付く。だから、外国では家のメンテナンスで日曜日にペンキを塗り直したり、ものを大事にしていく、木を大事にしていくという文化がはぐくまれたのではないかという気がするのです。

第8章　ケーススタディ（その5）：奈良県吉野郡川上村の場合

吉田：入江先生は、建築衛生の専門家でもいらっしゃいますが、何かありますか。

入江：私の本来の専門は室内衛生です。木造がいいかコンクリートがいいかという問題は、都会に住む多くの人はつくり方を選べるような立場ではないですから、あとは住み方の問題になります。健康的に住むには部屋を開放的にして、閉じこもった生活をしないようにするのがいちばんです。

　私は自然主義者ですから、夏は暑くてもなるべく冷房をしない。冬は暖房しても過剰にならないようにしましょうと勧めています。空気汚染については、確かにどんな材料でつくっても、シックハウスの危険は多かれ少なかれあります。木造がよくて、人工的な素材を多く使っているマンションは危険だとばかりは断定できません。私自身も住み方次第だと言ってきましたけれども、素材からすれば木材、そして自然の素材のままの、つまりそれに釉を塗ったり、フローリングでも固くして傷が付きにくくなっているとかいろいろと加工してはいますが、自然のままの家に住めば、化学物質の空気汚染もない。

　アレルギーが非常に増えていることを憂慮しています。原因は主としてダニです。自然の素材であれば、木材のもつ基本的な能力でダニを殺したり、繁殖しにくい家づくりができます。しかし、そういった建材の問題がすべてではなくて、やはり閉じこもった、冷暖房完備の快適さばかりを追求する生活のありようも問題にしなければなりません。

　木材がたくさんあるのにそれを使わないで外材をどんどん使っていく。外材というのは大変な防腐剤が塗られ、毒ガスの家を自ら求めているようなものです。自然回帰というのは、これから私は大いに声を大にして言わなければならないと思います。こういう家に住めばダニが増えないとか、大丈夫だという決定的な言い方を決して私はしたくありません。素材と住み方と、両方相まってのことです。人間は酸素を吸って炭酸ガスを吐く動物ですから、窓を閉め切っていいはずがない。そういった原始の生活に回帰するような提案をもっとこれからし

ていこうと思います。今まで少し近代というものにおもねりすぎてきたことを反省しています。

吉田：地元の方からのお声、感想などを忌憚なくおっしゃってください。

山本：川上村役場の産業振興課の山本です。泉谷と同じ仕事をしている者ですけれども、自分も林業に多少携わる仕事をさせてもらっています。今日の話で、確かに公共施設は本来ですと木材で建てることが望ましいのですけれども規制でできないとか、吉野林業のありかたも見直す時期が迫られているのか、と感じました。先人の積み重ねてきたことですので、それを逆に売りにしていくのもいいかと思うのですが、それをなかなか認めてもらえないジレンマというのもあるのです。そういったことも考えながら仕事をしているわけです。今、お金をかけて山を手入れしないと、使う木がなくなるという危惧もあるわけですから、将来のためにも今投資をすることが必要ではないかと思います。

吉田：辻谷達雄さんの『山が学校だった』（洋泉社、1998）という本では、今までの伝統にとらわれて却って時代に合わなくなっているということも書いてあります。泉谷さんが率直に言われた、何か変えていこうというようなことも必要かと思います。神野さん、吉野支局長になってもうだいぶなられました。どうでしょう。外からご覧になって、また住まわれて。

神野：もともと木で何かつくるというのは、その後の維持管理にも手間がかかる。家を建てるにしても工業的につくれない。そういう部分があると思うのです。どうも今までの暮らし方として気になるのは、手間をかけることをしないで、その場で使える、お手軽にという文化になりかかっていたのではないでしょうか。僕はこちらでいろいろと取材をして、奈良県は日本の伝統文化の能楽発祥の地です。能楽師の人たちを何度か取材したのですけれども、やはり小鼓や笛などの楽器は素材であって、それをどう使いこなすかという、そこにものすごい精神の集中、知恵を働かせています。たとえば、笛ごとに音の出方が

違うので、吹き手が調整しながら音色を出していくのです。木をどう扱っていくかというのは、その辺りに戻っていかなければいけないのではないでしょうか。先ほどの石出さんも泉谷さんもおっしゃっていたのですけれども、緻密に使いこなし方を考える。その頭の使い方、そこの人間の力をもう一度鍛え直すということが必要ではないでしょうか。今日のいちばんの感想です。

吉田：今日は、吉野の生産者、石出さんらの出会いもありました。国産材の需要を多面的に喚起していくネットワークがどんどん広がっていくことが、林業コミュニティの閉塞状況の突破口になるのではないでしょうか。補助金の出し方もコスト優先ではなく、もっと森林環境・住環境のことなども考えてと思います。

石田：日本の森林は世界２位です。ノルウェーが今70％、日本が67～68％。森林を保有している国でたとえばヨーロッパだと30％台だし、アメリカだって40％台。日本は70％近く、北海道は74％で世界一です。それだけの森林を持つことができたわけです。地球環境問題のなかでこれだけの森林を日本が持ち得たということは、森林を今まで守ってきたからです。これは最大の財産だと思います。それを日本人はうまく使い、生かすことで自給自足すべきです。日本は世界一の自然環境の国になれるはずです。だから、今は苦しいでしょうけれども、あと10年我慢すると、日本は世界一の環境問題を解決した国になると思います。私はそういう発想で山を考えています。

岡本：割りばしは森林を破壊するからだめだという見方がものすごく広がってしまいましたが、実は今まで間伐材でうまく使っていました。育てるために使うという知恵をもう１回見直さないと、とんでもない間違いを起こしてしまうのではないかと思います。

石出：わけのわからない雑誌が多すぎるのです。割り箸を使ってはだめだという時代がありました。今、割り箸のうちの93～95％が中国からの材料です。割り箸は国産の割りばしを使うべきです。国産の割り箸を使うことによって地域の山はかなり生きる筈です。そういうことを正確に伝えてあげることです。日本の山のたくさんの割りばし

を使う運動があると、山はすごく助かると思います。北海道で杉の割りばしなんて手に入りません。

神野：吉野材の割り箸も、1本3円ぐらいで売っているものがある。意外と安いので大量に使ってもらうことも可能だと思います。

石出：吉野の箸なんて高級品ですから、北海道で売れるでしょう。

上嶌：箸の材料というのは課題です。いわゆる辺材といって製材に取ったあと割りばしにつくっていくのです。箸のために木を切ったりということではないのです。だから、おっしゃったように、間違った情報が多すぎるのです。たとえば手入れをしていたら、若い子が来て、木を傷つけているといった、という話もありました。それなら木も切れないという話になってくる。もっと正確な情報を発信しないとだめだという気がします。

いわゆる設計屋さんは半分は好きで半分は嫌いです。たとえば木造とか木に関してはほとんど知らない。知らないけれどもマニュアル通りでやる。肩書で上からものを言ったりする。改善しなければならない部分がたくさんあると思います。とにかくわれわれの発信は当然必要です。けれども、第三者の方々からの後押しがいちばん力強いのです。利害関係がないからです。われわれが話すと、利害関係が出てきます。

入江：地球温暖化問題でアメリカは8％削減の約束から逃げてしまいましたが、日本は2010年までに1990年のレベルより7％、削減することを世界に約束しています。ヨーロッパの各国は日米よりもっと厳しく、9％の削減です。EUの多くの国は目標達成目前ですが、日本はその京都議定書ができた瞬間に、大行動を起こさねばならなかったのです。最近になって、環境省が昼に電気を消すことにしたとか、残業のときは一部屋に集まるとかいう、姑息なことを始めたにすぎません。日本のやり方は排出は少し抑えるけれども、大部分の対策として森林の光合成、炭酸同化作用によって炭酸ガスを森林が吸ってくれることに期待しています。森林を新しくすると、若い木は炭酸同化作用が強まるからです。しかし、森林に対する手当てが格段に進めなけ

第 8 章 ケーススタディ（その 5）：奈良県吉野郡川上村の場合

ればならないのに、どうもそれをやっている様子はありません。古い木をどんどん伐採して新しく植林していかなければいけないはずなのに。この辺りをもっともっとうまく森林再生事業に生かしていけないものでしょうか。

　吉田：森林荒廃が進むと温室効果ガスの吸収は 2.9％ になる。それを管理していけば 3.9％ になる。林業に従事されている方は皆さんそういう発信はされているのです。ただ、流通経路を、どうするかということが弱いですね。最後に早川会長から一言。

　早川：今日の話は、居住福祉学会にとっての課題だと改めて認識しました。森を守る、林業を守る、地域を守る、木造建築をどう考えるかについて展望を持つことが今求められていると感じました。これからもとりあげたいと考えています。今日はどうもありがとうございました。

（2006 年 5 月 22 日奈良県川上村にて開催）

（参照）次頁は、本来パネリストとして予定されていた奈良県吉野郡黒滝村の中井龍彦さんが、このシンポジウムに寄せてくださった文章です。吉野林業の第一線に従事する方の切実な声として、ご参照ください。

（吉田邦彦）

吉野林業昨今

中井 龍彦

　私の祖父は山守であるとともに、筏師(いかだし)でもありました。筏流しは昭和30年前後をさかいに急速にさびれ、トラックによる搬送が主役になり、現在に至っています。この筏流しや管流しの歴史は古く、たぶん古墳時代以前にまでさかのぼるものと推測されます。というのは、朝鮮半島で発掘される歴代百済王の棺材に、日本でしか自生しないコウヤマキやクスノキが、はるばる海を渡り使用されているからです。また法隆寺の樹齢2000年、直径2.5mというヒノキの大木も「材質から見て吉野のヒノキではないか」と西岡棟梁が語っています。このような巨樹はおそらく山中にて割られ、何年もかかって山を滑り降り、川から海へ、そしてまた海から陸へと運ばれたものでしょう。奈良県の筏流しには3つのルートがあり、一つは吉野、紀ノ川水系と十津川、熊野川水系。あと一つは上北、下北山を舞台とした北山川から熊野川へと続くルートです。吉野林業は、この三川の歴史に支えられて発展してきたことはよく知られていますが、それが古代の文化、大げさにいえば日本史の一翼を担ってきたことに改めて驚かされるのです。

　ほんの50年ほど前まで、どれほどの木材や木製品がこれらの川を筏とともに流れ下ったことでしょう。秀吉の大阪城、伏見城の築城には吉野、紀ノ川水系である川上郷、小川郷、黒滝郷の吉野材が大量に使用されたようです。また江戸城築城の際にも、紀州藩から350本もの大径材が拠出された、とあります。これらの材は、熊野川水系を紀州木材市場へと流れ下った木材であったかもしれません。

　今日の市場経済の下では、安い外材で家を建てればそれでいいことかも知れません。けれどもそれによって荒れてゆく風土、森林、また地方の歴史や風景、といった有形無形の価値の存続すらも危ぶまれているのです。「何とかしなければ」という私たちの声が木霊のように反復され、さまざまな方面から打ち戻って来ることを願ってやみません。

　　　　（「山守制度」の紹介はシンポで議論されているので省略しました―編集部）

あ と が き

　まさに現代版住宅残酷物語である。米国のサブプライムローン（信用力の低い個人向け住宅融資）問題に端を発する金融危機が世界に波及している。低所得層に住宅取得の夢を与え、「住宅ローンを証券化し、さらにそれをリスクごとに切り分け、さまざまな証券と組み合わせて、つぎつぎと人為的に証券を作り出す。それを裏付けにして証券を発行して、また証券を買う。」（金子勝、2008年9月25日：中日新聞）という住宅関連証券のバブルが崩壊し、世界同時不況に直面している。さらに原油高騰や食料危機の資源インフレによる生活物資の値上がりに対して、賃金が全く追いつかない。そして、人々がモノを買わなくなる→財布のヒモが硬くなる→消費が萎縮する→経済活動が低迷する、という悪循環である。住宅を失い、ワーキング・プアや「ネットカフェ難民」と化してしまった人々にとっては、物価高は文字通りの死活問題である。住宅等の資産ストックをマネーゲーム化の道具にしてはならない。
　震度6強の大型地震が相次いで地方に起こっている。地域格差が進展する中で、地方の疲弊が進み、そこに震災がその沈滞ムードに拍車をかけている。これまでの政府による減反政策のツケは、震災による水田被害によって米価の値上がりをはじめ、あらゆる食料が高騰し、実体経済への打撃も大きい。また、震災によって孤立した集落は、国や自治体の財政不足を理由に、いまだ生活インフラが確保されていないところが多い。集落から町につながる道路の補強や土砂崩れ防止の工事も満足にできていない状態である。政治や政策とは、国民やそこに居住する地域住民に生活や将来を保障することである。こうした中、日本の社会は、給料も医療も年金も治安も年々おかしくなっているが、政府の社会保障への財政政策は、増税か負担増の話しか出てこない。そのため国民生活は委縮し、何も楽しそうなことが見えない閉塞的な

社会になってしまった。先般起こった秋葉原の無差別殺傷事件もまた、「勝ち組への強い怨念に半ば共感のような心情を抱く若者の増加」(姜尚中)といった格差社会が生み出した問題もその側面のひとつであろう。

『蟹工船』がブームである。その背景を探るさまざまな解釈がなされている。私は、この小説の中で、蟹工船を護衛していた駆逐艦の将兵が待遇改善を求めた労働者に銃口を向け、首謀者を連行してしまう件(くだり)に、今日の格差社会の本質を感じるのである。つまり、国家や政府が一部の既得権者を擁護する側に立っているのではないか──「消えた年金問題」など社会保障に関する一連の不祥事──という社会への不信感が『蟹工船』ブームの根底にあるとしたら、私たちにとって必要なことは、経済重視や効率化や合理化の流れに取り残された人々の声を汲み上げる努力を続けていくことでしかないではないか。だとしたら、ここで日本居住福祉学会の活動方針の中に記してある、この一文を想起していただきたい。「社会における様々な居住をめぐる問題の実態や居住の権利、居住福祉実現に努力する地域を現地に訪ね、住民との交流を通じて、人権、生活、福祉、健康、発達、文化、社会環境等としての居住の条件とそれを可能にする居住福祉政策、まちづくりの実践」(傍点筆者)を持続的に進めることしかないと。

さて、居住福祉学研究叢書第3巻の企画は、日本福祉大学COEプログラム(福祉社会開発の政策科学形成へのアジア拠点:拠点リーダー二木立教授)の「中山間地域における福祉社会開発モデル研究(地域福祉計画研究)」に位置づくプロジェクトの一部の成果(第1章および第7章)と日本居住福祉学会の中山間地域における現地研究フォーラムの成果と併せて収録している。全体の通底には、中山間地の地域再生にむけた居住福祉学の理論化があり、最終的には中山間地再生のシナリオを提示することに向けられている。

地域格差が徐々に拡がっている。東京都心は再開発ラッシュに沸いている。一方、地方都市の駅前アーケード街は、その多くが「シャッ

あとがき

ター通り」と化している。政府の財政再建策として公共事業の見直しは、公共事業依存体質の地方経済を直撃した。例えば民間需要の核となる住宅着工戸数の落ち込みも深刻である。地方経済の低迷は雇用に大きく影響する。地方のハローワークに「半年通っても仕事がない」状況が続いている。地方経済の低迷は、企業とともに家計をも直撃している。

　山村集落消滅の記録がある（宮崎日日新聞『ふるさとを忘れた都市への手紙』）。かつての寒川集落には200人余が居住し、小中学校もあった。石積みの棚田・畑に五穀を植え、炭を焼き、冬の狩猟に沸き立つ村であった。それが、いまや全世帯6戸、居住者は13人に減り、一番若い人で60歳。そして集落移転で消滅した。400年以上続いた伝統ある集落を、わずか30年足らずで消滅させた「現代」とは何か。寒川集落のような地域の消滅が全国に広がってきた。既に5,000集落が崩壊し、新たに2,500ほどの集落が崩壊の危機にある（国土交通省調べ）。中山間地の自治体にとって地域福祉計画や居住福祉は、人口流出を喰いとめ、人口減少に見合った社会システムを構築するための戦略である。第1の戦略は、人口減少への対応である。それには、集落に住み続けたいという住民の意思を尊重し、集落の生活機能を維持する社会基盤整備が必要である。しかし人口減少による公共サービスへの影響は大きく、一人当たりの費用負担増となる。公共サービス水準の維持や生活基盤整備には、「公平性」と「税の分配」への合意が必要である。また、集落の生活を持続可能にするためには、①コミュニティバスの運行、②家・田んぼ・墓の保全、③福祉・医療・教育へのアクセス、④介護・子育て等生活の支えあい活動が不可欠である。これらは、「地方政府と準市場」の新たな関係を創出することである。第2の戦略は、人口流出への対応である。中山間地からの人口流出を喰いとめ、定住人口と中山間地への移住人口や交流人口を増やすことである。それには、①地場産業の活性化（地元企業への投資ファンド等）、②自然と伝統文化と農業による地域ブランドの創造、③それら

の総合によって雇用を創出することが求められる。外部からの投資や人口流入による雇用の創出には、地域経済を活性化させるためのコミュニティビジネスを起こす必要がある。これらは、「政府（中央・地方）と市場」の新たな関係を作り出すことである。そして、これらの2つの戦略を同時に進行し、居住の権利を基盤にすえた「公平と効率と包摂」のバランスのとれたコミュニティを創出することである。この日本の現実を是認するか。将来の日本によって善いことか善くないことか、この価値判断が必要だ。この流れを変える勇気と実行、そして居住福祉の政策が必要である。

　いくら浄化に贅をつくしても、私たちは山が水を生むようには美しい水を生むことはできない。とどのつまり、水を守るには山をまもるしかない。そしてその山を守るには山を守っている人を守るしかない（前掲書より）。

　2008年10月

日本福祉大学教授　野口定久

―〈初出一覧〉―
第1章 福祉社会開発学の構築（ミネルヴァ書房、2005）第5章
第2章 書き下ろし（一部2003年7月シンポ）
第3章 米子まちなおしフォーラム記録集（2006）
第4章 書き下ろし
第5章 書き下ろし
第6章 書き下ろし（一部、地方自治職員研修507号（2004））
第7章 書き下ろし（2005年2月シンポ）
第8章 居住福祉研究5号（2007）

《編者・執筆者専門分野紹介》掲載順

早川　和男　（はやかわ　かずお／神戸大学名誉教授）
　　　　　　生年：1931年（昭和6年）
　　　　　　専門分野：都市工学、居住福祉学
　　　　　　主著作：空間価値論（勁草書房、1973）、住宅貧乏物語（岩波書店、1979）、居住福祉（岩波書店、1997）

吉田　邦彦　（よしだ　くにひこ／北海道大学教授）
　　　　　　生年：1958年（昭和33年）
　　　　　　専門分野：民法、法理論、居住福祉法学
　　　　　　主著作：債権侵害論再考（有斐閣、1991）、民法解釈と揺れ動く所有論（民法理論研究1巻）（有斐閣、2000）、契約法・医事法の関係的展開（同研究2巻）（有斐閣、2003）、多文化時代と所有・居住福祉・補償問題（同研究3巻）（有斐閣、2006）、居住福祉法学の構想（東信堂、2006）

野口　定久　（のぐち　さだひさ／日本福祉大学教授）
　　　　　　生年：1951年（昭和26年）
　　　　　　専門分野：地域福祉
　　　　　　主著作：地域福祉論（ミネルヴァ書房、2008）

金持　伸子　（かなぢ　のぶこ／日本福祉大学名誉教授）
　　　　　　生年：1930年（昭和5年）
　　　　　　専門分野：社会政策・生活問題
　　　　　　主著作：阪神・淡路大震災被災者のこころをきく（せせらぎ出版、2002）

岩川　徹　　（いわかわ　とおる／元秋田県鷹巣町町長）
　　　　　　生年：1948年（昭和23年）
　　　　　　専門分野：福祉行政
　　　　　　主著作：こんなまちなら老後は安心（筒井書房、2006）

高橋　彦芳　（たかはし　ひこよし／元長野県栄村村長）
　　　　　　生年：1928年（昭和3年）
　　　　　　専門分野：地方自治
　　　　　　主著作：自立をめざす村――1人ひとりが輝く暮らしへの提案（自治体研究社、2002）、田舎村長人生記（本の泉社、2003）

霜田　稔　　（しもだ　みのる／鳥取大学名誉教授）
岡崎　博司　（おかざき　ひろし／鳥取県地域自立戦略課）
松嶋　進　　（まつしま　すすむ／智頭郵便局）
寺谷　篤　　（てらたに　あつし／鳥取県那岐郵便局長、智頭町活性化プロジェクトチーム事務局長）
泉谷　隆夫　（いずたに　たかお／奈良県川上村産業振興課長）

編者・執筆者専門分野紹介

上嶌　逸平　（うえしま いっぺい／川上さぶり理事長）
石出　和博　（いしで かずひろ／HOP藤田工務店社長）
神野　武美　（じんの たけよし／朝日新聞吉野支局長）

日本居住福祉学会のご案内

〔趣　旨〕

　人はすべてこの地球上で生きています。安心できる「居住」は生存・生活・福祉の基礎であり、基本的人権です。私たちの住む住居、居住地、地域、都市、農山漁村、国土などの居住環境そのものが、人々の安全で安心して生き、暮らす基盤に他なりません。

　本学会は、「健康・福祉・文化環境」として子孫に受け継がれていく「居住福祉社会」の実現に必要な諸条件を、研究者、専門家、市民、行政等がともに調査研究し、これに資することを目的とします。

〔活動方針〕

(1)　居住の現実から「住むこと」の意義を調査研究します。
(2)　社会における様々な居住をめぐる問題の実態や「居住の権利」「居住福祉」実現に努力する地域を現地に訪ね、住民との交流を通じて、人権、生活、福祉、健康、発達、文化、社会環境等としての居住の条件とそれを可能にする居住福祉政策、まちづくりの実践等について調査研究します。
(3)　国際的な居住福祉に関わる制度、政策、国民的取り組み等を調査研究し連携します。
(4)　居住福祉にかかわる諸課題の解決に向け、調査研究の成果を行政改革や政策形成に反映させるように努めます。

学会事務局

〒466-8666　名古屋市昭和区八事本町 101 - 2
中京大学　総合政策学部
岡本研究室気付
TEL 052 - 835 - 7652
FAX 052 - 835 - 7197
E-mail：yokamoto@mecl.chukyo-u.ac.jp

中山間地の居住福祉

居住福祉研究叢書 第3巻

| 2008年12月15日　第1版第1刷発行　46変上製カ |
| 3263-01010 P224：¥2800E：PB1+100 |

編者	早川和男
	野口定久
	吉田邦彦
発行者	今井貴
発行所	株式会社信山社

〒113-0033 東京都文京区本郷6-2-9-102
Tel 03-3818-1019　Fax 03-3818-0344

©居住福祉学会,信山社 2008　印刷・製本／松澤印刷・渋谷文泉閣
ISBN978-4-7972-3263-9 C3332 分類369.000-a003
©禁コピー　信山社 2008